Hans B. Meyer

Spaßige Geschichten
aus
Danzig

Hans B. Meyer

Spaßige Geschichten aus Danzig

Bowkes
und
Pomuchelsköpp

RAUTENBERG
im Verlagshaus Würzburg

Umwelthinweis:
Dieses Buch und der Umschlag wurden auf chlorfrei gebleichtem Papier gedruckt.
Die Einschrumpffolie – zum Schutz vor Verschmutzung – ist aus umweltverträglichem und recyclingfähigem PE-Material.

Printed in Germany
Druck und Verarbeitung: Offizin Andersen Nexö, Leipzig
Illustrationen von Erich Behrendt

ISBN 3-8003-3076-8

Vorwort

Die vor Jahren in diesem Verlag erschienenen „Westpreußischen Wippchen“ haben über den Kreis der westpreußischen Landsleute weit hinaus fröhlichen Widerhall gefunden, einfach deshalb, weil das Nordostdeutsche, ganz gleich, ob es aus Ostpreußen, Westpreußen oder Pommern kommt, mehr oder weniger alle anrührt, ganz besonders dann, wenn es etwas mit ihrer Mundart zu tun hat und ihrem derb-deftigen Humor.

Die Danziger Mundart ist eine von vielen, aber unverkennbar wie die anderen auch. Am traulichen „Du-chen“ erkannte einst der Dichter Johannes Trojan in der Fremde den Danziger Landsmann. In der Zerstreuung ist es schon vielen ähnlich gegangen, wenn sie etwa der Frage „Was-chen?“ begegneten oder der Bestätigung „Aber ja doch!“ Hinter der Mundart steht ja immer der Mensch mit seiner Heimat und ihrer besonderen Denkweise. Und mitten dort hinein, nämlich mitten in den Danziger Alltag und Arbeitstag führt uns dieses Buch. Es enthält keine Witze, keine Wippchen, auch keine Erzählungen im streng literarischen Sinn, vielmehr eher das, was man im Danziger Deutsch am besten als „Erzählchen“ bezeichnen könnte. Denn so ganz leicht und locker, wie einer dem andern vielleicht am Feierabend vom eben vollbrachten Tag mit all seinen kleinen oder größeren Sorgen und Freuden einen Stremel mitteilt, so sind sie geschrieben.

Was aber hat man unter „Danziger Bowkes" zu verstehen? Und was soll man sich eigentlich unter „Pomuchelsköppen" vorstellen? — Die Germanisten erklären „Bowke" als plattdeutsche Verkleinerungsform von „Bube", womit ja, ebenso wie mit dem bayrischen Buam, kein Kind, sondern ein ausgewachsener Kerl gemeint ist. Nun, und der Pomuchel ist der Dorsch, ein Fisch, der in der Danziger Bucht wie überhaupt in der Ostsee nicht nur viel gefangen wurde, sondern bei der Danziger Bevölkerung auch recht beliebt war. Mit dem „Pomuchelskopp" bespöttelt der Danziger also sich selbst mitsamt seiner Vorliebe für diesen noch dazu etwas groß-mundigen Fisch.

Zur Blütezeit Danzigs als Handels- und Hansestadt, bis ins 17. Jahrhundert hinein, war Mittelniederdeutsch die allgemeine Umgangs- und Schriftsprache. Erst im Laufe des 18. und 19. Jahrhunderts verlor sie in der Stadt immer mehr an Boden, hielt sich jedoch bis zuletzt vor allem auf dem Lande. Domansky, Frieböse, Kroß, Schemke und Sellke haben uns in ihren Werken bestes Danziger Platt hinterlassen. In der Stadt selbst, besonders in der Altstadt, aber auch sonst innerhalb des Kleinbürgertums kam allmählich eine neue Umgangssprache auf, die eine Mischung von Hoch- und Plattdeutsch unter Einschluß von Wörtern aus dem Holländischen, Polnischen, Litauischen, ja sogar Hebräischen darstellt und die man als Missingsch bezeichnet hat. Diesem Danziger Heimatdeutsch hat der feingeistige Schriftsteller und Journalist Fritz Jaenicke über ein Vierteljahrhundert lang in seinen „Stammtischgesprächen des Rentiers Poguttke" in den „Danziger Neuesten Nachrichten" seinen geradezu klassischen Ausdruck gegeben.

Dieses Missingschs mit seinem besonderen Tonfall nun bedienen sich auch die Personen in „Danziger Bowkes und Pomuchelsköpp", gleichgültig, ob es sich um das allbekannte „Paulchen von der Krantorfähre" handelt, um Bollermann und Welutzke, die man mit Tünnes und Scheel in Köln ver-

gleichen kann, um Schauerleute und Speicherarbeiter, Kutscher und Packer, Hausfrauen, Fischhändlerinnen und junge Mädchen. Sie alle reden, wie ihnen ums Herz und wie ihnen der Danziger Schnabel gewachsen ist. Und wenn sie dann und wann einmal auspacken und anfangen zu schimpfen, dann steckt auch darin immer noch das grundgute Herz und viel Gemüt.
Dieses Buch stellt nur hinsichtlich des Milieus eine Fülle von unwiederbringlichen Erinnerungen dar, was aber den sprachlichen Ausdruck anbelangt und all die Unwägbarkeiten, die dahinter stehen, so will uns scheinen, daß sie in jedem, wohin auch immer verschlagenen Danziger und Ostdeutschen überhaupt weiterleben und weiterklingen werden.

DER HERAUSGEBER

Die Erholungsreise

Das war noch vor dem Zweiten Weltkrieg. Frau Geheimrat Stangenberg fand zwischen dem Tobiastor und dem Schwan endlich ihre gewohnte alte Fischfrau wieder, die sie schon längere Zeit vermißt hatte und über deren Verbleib sie von der Inhaberin des Nebenstandes mit Räucherfischen, der grämlichen Frau Spicker, nichts anderes hatte herausbringen können, als daß die Gesuchte eben krank, vielleicht auch bloß eingebildet krank und deswegen irgendwohin zur Kur gefahren sei.

Da war sie nun wieder, die Gute, und sah rund und rotbraun aus. „Wo haben Sie nur solange gesteckt, liebe Frau Krell?“ fragte die Frau Geheimrat und reichte ihr die Hand. „Ach, Frau Jeheimratchen, wejen mein klapprijes Herz hätt‘ mir doch der Arzt jeraten, im Sanatorjum zu jehen, und so mißd‘ ich ja denn nu fahren ...“

„Gar nich haste missen jemußt“, mischte sich da Frau Spicker ein, „hätt‘st dir kännt ebensogut im Bett jehauen haben und Brusttee jelubbert und zwischenein ‘n Eierlikeerchen. Aber weil jen‘ Professor dich das anjeraten hätt‘, haste dir in de Bahn jehuckt und deine sauer verdienten Dittchen im Rhein jeschmissen, fier rein nuscht nich.“

„Äh, Spickersche, laß man! War d o c h scheen und nitzlich!“

„Erzählen Sie doch ein bißchen, Frau Krell!“

„Na, eijentlich is nich viel was zu erzählen. Jen'nettes Professorchen und die, was von de Kass' und so allens noch dranbammelten, schickden mir nach Nauheim, was von hier aus jesehen nicht weit von Frankfurt liejen tut, wo unser großer Jeethe is jeboren und wo ich auch drin bin jewesen, aber man erst bißchen später. — In Nauheim nu, da sieht einer viele Leite, wo immerzu stehenbleiben missen, um sich's Herz zu halten oder zu keichen, weil se mitten auffe Straß' de Pust' ausjeht. Manche von die laufen denn rot an wie so'n Krebs, manche blau wie Blaubeeren in Milch, wenn man se veriehren tut ..."

„Na, und du?" fragte die Spickersche, „du wurd'st woll grien, was?"

Ohne die speilzahnende Nachbarin zu beachten, fuhr Frau Krell in schöner Ausführlichkeit fort, ihrer Kundin das Herz auszuschütten: „Ja, und in jenem Herzheilbad Nauheim da hahmse allerhand Zatzchen mit mich jemacht, grad', als wenn ich all kurz vorm Abnubbeln mecht' sein. Schon morjens frieh kam eine von die viele Schwesterchens mit's

Fieberthermometer anjeschossen, die was auch jleich dem Puls messen tat, und das mit 'ne janz jewehnliche Armbanduhr. Wie, weiß ich nich, denn mit meine Uhr kriegd' ich das nich hin. Muß also woll 'ne besondre Bimm jewesen sind, 'ne Pulszählbimm oder so. Denn wieder kam 'ne andre Haubenlerche anjeschwirrt, was mich hat erst im Ohrläppchen jezwickt und denn im Arm jestochen, aber nich immer, weil das viel zu doll wehtat und weil se nich immer de richtje Stell finden konnd'. Wenn's jar nich jing, kam so 'ne Oberieberschwester. Bei die schmerzd das auch, aber se kriejd' jen' blankes Deiwelsding wenigstens rin im Arm, daß es jleich bluten tat. Sah dunkel aus wie Brombeersaft und kleckerd' im Reaxjohnsröhrchen rin fier's Labratorjum."

„Hast ehmd zuviel Fett auffe Knochen", feixte die Spickersche. „Daderwejen jing jen' Dingerings so schwer durch und du hättst Schmerzen!"

„Die hättstde auch jehabt, Speilzahn. Denn du bist'n Knochenjestell, und da pinxern se immer mitte Spritz' jejen, daß man's knirschen heeren tut, wie im Winter, wenn de Eisbrechers auffe Mottlau ..."

„Aber, meine Damen, bitte nicht persönlich werden", mahnte die Frau Geheimrat. — „Wie ging es denn nun weiter, liebe Frau Krell?"

„Nu, weil mich zuerst ziemlich mies war, dachd' ich: Laß se man! Aber auffe Dauer immerzu in de Mull' liejen, aufstehen, essen und all wieder liejen jehen und am Ahmd auch noch so frieh inne Klapp, wo unsereins sonst noch de ‚Danzjer Neiste' lesen tut oder mit de Nachbarn Skat kloppt und eins mit's andre, das hält der Deiwel auffe Dauer aus! Weil ich nie nich kennt' einschlafen, gaben mich die Haubenlerchen sone bittre kleine Tabellchen zu schlucken. Erst taten die warraftig helfen, aber denn nich mehr. Ich weiß von eine olle Goy, daß se viel schwerere Einpenntabellchen hätten, aber meinen Se, die Kreeten rickden die raus? Nich inne Lamäng."

„Solld'st ehmd nich beduhnt werden von die Bongbongchen", redete Frau Spicker teilnahmsvoll dazwischen.
„Na, zu was anders sind jene Pillchens denn ieberhaupt erfunden? Klar, daß se einem beduhnen sollen. Als se's nich mehr taten, fragd' ich, ob se mich denn nich lieber mechten abends 'n Quartierchen Machandel oder 'n Pullchen Axjenbier verschreiben."
„Und das wurde Ihnen dann verordnet?"
„I nei doch, Frau Jeheimratchen. Machandel kannden die erst gar nich. Hielden ihm woll fier sowas wie Morfjum oder Struchniehn. Als ich se wolld' beibringen, daß Macheike wird aus Kaddick jewonnen, wußden se wieder nich, was das war, schlabberten was vom Kadi, und einer meind', das mißd' woll'n örtlich jebundner Ausdruck fier 'n Juristenjetränk sind, von wejen Kadi und Richter. War also nuscht nich mittem Machandel. Von Axjenbier kannden die bloß Dortmunder Axjen. Das wär' ja nich schlecht, meinden se, aber einer wird zu leicht dick davon. Na, ich war vleicht inne Wonz! Und ich sagd', wenn se wollten, daß ich immer bloß solld' in de Posen liejen, denn mißden se auch fier 'n Schläferchen sorjen, so fier orntliches Jift, was gleich 'n Kujel umschmeißen kännt! — Was soll ich Ihnen sagen? Die Kreeten wußden wieder nich, was 'n Kujel is!"
„Na, Krellsche, wie sollen sone Herren denn auch deine kaschubsche Ausdrick' kapieren! Die reden vleicht von Siesta halten oder in Morfius seine Arme sinken und so."
„Nee, grad' Morfjum hahmse mich nich jeben wollen, von wejen weil einer sich an sowas leicht jeweehnen tät!"
„Ich habe gehört, liebe Frau Krell, daß sogar Zuckerwasser das Einschlafen beschleunigen soll?!"
„Eh was", unterbrach die Spicker, „Kimmelchen, Kirsch mit Rum, Goldwasser und Eierkonjäckchens wirken viel besser. Und am besten, hat mein Opapa immer jesagt, is Konjack mit Stickerzucker, immer scheen abwechselnd, bißde vom Stuhl jeschorrt bist!"

„Sei du bloß nich so ordinähr, Spickersche“, wurde sie von Frau Krell zurechtgewiesen, die dann mit ihrem Bericht fortfuhr: „Also am End‘ hab‘ ich zu die Dokters und zu die viele Haubenlerchen und Pflejers jesagt, was doch immer dem Stuhl im Stuhl hätten wegzufahren und bei de Männers mißden Klistierchens setzen: ‚Heeren Se, hab‘ ich jesagt: Einer kann doch nich immerzu pennen. Der Mensch muß doch auch was tun!‘
Da schlackerten se bloß de Köpp‘ und kiekden mir an, als ob ich mecht dwatsch sind und ‘n Knall haben. Jesagt hahm die ieberhaupt rein nuscht nich mehr und jingen aus jene weiße Tier‘, was doppelt war, damit unsereins nich immerzu jen‘ Jerappel von die fahrbare Essenlokomotivchen mit all die Tellers und Taßchen solld‘ heeren. Und als am Abend meine Stationsolle nochmal rinkieken kam und ich ihr fragd‘, wie das denn so mecht‘ sein mit‘s Arbeiten und mit ‘n beßres Dingerings zum Einpennen, da verdrickd‘ die sich doch, kaum daß se hätt‘ gute Nacht jewinscht. Wissense: Allens kann ich vertragen, aber bloß nich, wenn einer de Flabb‘ nich aufkriejen tut! Also nahm ich mich vor: Von morjen an wird allens anders, und du rejierst dir selbst. Und was soll ich Ihn‘n sagen: Sogar jepennt hab‘ ich jene Nacht wie jewiejt, und ganz ohne Pulverchens und Tabellchens!“
„Ja, Entschlüsse erleichtern oft, Frau Krell. Und wie ging es nun weiter? Kam man Ihren Wünschen entgegen?“
„Denkste! In alle Frieh‘ machd‘ ich mir ganz leis‘ mit Wuschen auf, kiekd‘ in alle Kammerns und Ecken, kralld‘ mich ‘n Schrubber, ‘n Feiltuch, ‘n Eimer und ‘n Klumpen jriene Seif, und wolld‘ jerad‘ anfangen mit‘s Großreinemachen, da kriejd‘ mir doch jene Friehschwester beim Schlafittchen, und ‘ne Reinmachfrau war auch all da und krächzd‘ mir an und bespeilzahnd‘ mir von wejen, ob ich nich lieber gleich ganz nackend wolld‘ mang de Patzjenten inne Zimmer jehen! Ich also zurick und mir anjezogen. Als ich die jute Kleidasch‘ auffem Puckel hätt‘, mit die was ich doch im

Sanatorjum jereist war, hold' ich mich'n Eimer Wasser und 'n Schrubber, indem daß ich wenigstens meine eijne Stub' wolld jrindlich saubermachen. Da scheeßden die all wieder hinter mich her und ließen mir nich. Waren sogar fuchtig und veräppelden mir. Da hätt' ich von jene ordinähre Schlabberei jenug und verfeierd' mir in de Kich'. Da wolld' ich ehmd bißchen helfen, vleicht Kartoffeln schälen fier soviel Leite, Jemiese putzen, Fleisch aufsetzen, Fisch braten, vleicht auch Klietermus kochen, Rote Beeten machen und eins mit's andre, fier so viele Diätkostleitchen. Was soll ich erzählen? Die Kreeten ließen mir a u c h wieder nich, waren sogar einjeschnappt drieber und gnietsch. Die kennen was leisten! So'n paar Frankfutersche, Mannheemer aus Bayern, Baden, und wie jene sieddeitsche Keenigtiemer heißen tun, die keifden: ‚ne Dame tut sowas einfach nich; se läßt sich ehmd bedienen!'
Ei, sag' ich, ich sag': Dame? Ich bin doch keine Dame nich, ich bin auch keine Madam' nich, heechstens 'ne Frau, meinswejen noch'n Goldchen oder 'n Stickchen Mallöhr. Das hören Se doch all an meine Aussprache! — Ach, meinten die, das mittem Schargong is man bloß Dialekt; dem hahm

wir auch, gelle? — Jelle is nämlich denen ihr Zislawäng, so wie bei uns: nich? War also nuscht zu machen mit die. Da hab' ich se außenanderexposamentiert, daß ich zuhaus' in unser olles Danzig man bloß 'ne blaue Schirz' umhätt', auffem Kopp 'n schwarzen Strohhut, dazu fettje Fingers und allens voll Fischschuppens. Daß ich auch keine Blänkerchens an de Finger und Brilljantbommelchen inne Ohren hätt' oder 'ne großbramsige Perl' als Brosch, von 'ne ganze Halskett' ieberhaupt abjesehen ..."

„Na, so mickrig sind wir vom Fischmarcht denn nu aber doch nich", unterbrach Frau Spicker ihre Nachbarin, „und von unsre Häuser und Hippethekens haste kein Wortchen nich jesagt! Und das von die blaue Schirz' hätt' ich nie nich verraten, ebensowenig wie die paar Fischschuppchens und jen' bißchen Fett anne Fingers. Hätt'st woll grad' Plapperwasser jetrunken, was, du olle Rubbel?!"

„Aber, aber, Frau Spicker!" unterbrach die Frau Geheimrat die Empörte. „Ich möchte eher annehmen, daß beide Teile scherzten."

„Tjawollja, Frau Jeheimratchen", rief Frau Krell, „war janz jenauso, denn jene Nauheimer Scheenheiten sagden, daß se mit ihr Jold und all ihre Flimmerei an de Fingers auch nich von frieh bis im Bett rumrennen täten und eins mit's andre."

„Schucker", mischte sich die Spickersche wieder ein, „jene olle Landsturmdamen hätt' ich von 'ne schnatzje Villja im Weltbad Zoppot erzählt, von 'ne piekfeine Kutsch' mit Schimmels davor ..."

„Verschimmelt bist du bloß!" gab die Krellsche zurück, aber ihre Gegnerin war nicht mehr zu bremsen: „Und denn hätt' ich denen vonnem Theaterabonnemang im Winter und 'ne lange Sommerreis' dolle Dinger erzählt ..."

„Ei, du dwatsche Ul', wenn se dir denn jefragt hätten, wie daß es in Minchen, Paris, Kasseblanka oder in Okasa und Hulalulu aussieht?"

„Wußden die doch selber nich!"
„Und ob se's wußden! Die kannten Venedich, Rom, de Kosta Bravo und alle Schwarzwalddörfers wie unsereins Heibud' und Schiewenhorst. Nee, hätt' ich die Damens was vorjeflunkert, hättense mir ausjelacht. So aber freiden se sich immer, wie natierlich ich war, jaja."
„Das kann ich jenen Damen durchaus nachfühlen", meinte Frau Geheimrat Stangenberg, „Sie sind wirklich eine Frohnatur."
Doch Frau Spicker gab sich nicht zufrieden: „Na, heeren Se, ich werd' doch keinem verraten, daß ich keine Dame nich bin. Wer Jeld inne Fupp hat wie wir Wetterahnen vom Fischmarcht, is ehmd eine."
„Spickersche, biste nu so dammlich oder quasselste bloß so dwatsch? Mit ganze Kofferts voll Goldsticker känntste in jen' Nauheim ankommen, mit Närz und Hemmelin ballern — machst bloß 's Maul auf, schon biste in de Ritz' jeschorrt. Denn die kucken dich durch und durch, von wejen wirkliche Bildung und so. Mit unserm Klotzkorkenjimnasjum is da nuscht nich zu machen."
„Aber dir hahmse doch fier'ne große Dame jehalten!"
„Nich in de Lamäng! Sie ließen mir das bloß nich fiehlen, indem daß s i e wirkliche Damen sind jewesen. Hast gar keine Ahnung nich, Spickersche, wie doll Damen schweijen können!"
„Wenn ich nicht irre", meinte Frau Stangenberg, „wollten Sie etwas von dem weiteren Verlauf Ihrer Kur berichten?!"
„I, jen' Verlauf lief bald zu Ende. Das kam so: Als ich partuh nich dirfd' arbeiten jehen, weil auch die Dokters dagejen waren, mißd' ich mich was anders ieberlejen, um daß ich am Abend kennt' einschlafen nach all jene viele Faulheit 'n ganzen Tag ieber. Also jing ich denn nu spazieren, immerzu spazieren. Wenn nich grad' mußd' jejessen werden oder 'n Mittagsschlafchen jehalten, jing ich raus inne Jegend. Se glauben gar nich, wieviel Jegend es da jibt. Und so scheen!

Und am End' wurd' ich sogar richtig mied' auf de ganze Figur davon. Soweit so gut. Aber da waren doch zwei sone dicke Plästers, die was vor Schmalz kaum laufen konnten — die hätten mir beim Oberieberarzt verpetzt. Nu dirfd' ich nich mal mehr spazierenjehen. War ich vleicht inne Wonz! Aus die zwei beid' Zulters hätt' ich kennt Gulasch machen und dem Oberdoktor Rizinus im Tee mengelieren. — Warum? Na, allens, was ich wolld', solld' ich nich, und allens, was ich solld', wolld' ich nich mehr. Ich wolld' bloß raus. Das war's End' vom Lied: Ich haud' einfach ab. Weil ich mir auch wieder ganz munter und fidel fiehld', machd' ich mir ganz auf eijne Faust auffe Socken."

„Nun, wohin fuhren Sie denn? Und wo war es am schönsten?"

„Äh, ich bin 'n ganzes Stick dem Rhein runterjegondelt, auf sonem Raddampfer wie bei uns ‚Paul Beneke' oder ‚Drache', aber da war je nu nich viel was zu sehen: Bloß lauter kaputte Burjen, wovon manchmal nur noch 'n Stick Mauer oder 'n Turmchen ohne Spitz' stand, und denn immerzu die langweil'je Weinberje. Vom Schiff sahen se aus wie hochstämmje Kartoffeln oder wie 'ne Art von Saubohnen mit lauter griese Knippels dran, was ihnen stitzen sollden. So sah das nu auf alle zwei Seiten aus: Nuscht weiter als jene dwatsche rujinierte Ruinens mittenmang jene Kartoffel- oder Bohnenstöckers. Dänn und wänn lag am Wasser auch mal 'n kleines altes Örtchen, was de Leite alle bejubelten, sobald se dem Namen an de Anlegstelle von fern entziffert hätten. Von beriehmte Marken schlabberten se denn, aber mich war das wurscht, denn Briefmarken sammel ich je nich. Manchmal kamen uns allerhand Verjniejungsdampfers wie unsrer entjejen, wo auch manchmal drauf jesungen wurd', aber auch Bootchens und Weichselkähne, was man bloß bißchen anders hießen und auch oft de holländsche Flagge am Achterstewen flattern hätten."

„Aber, Krellsche, wie kemmt es denn, daß de Dichters und auch andre Leite jen‘ Rhein immer so besonders scheen finden tun?“

„Weiß ich? An eine Stell‘, wo lauter rote Felsens waren bis hoch oben und de Sonn‘ jerad‘ wolld‘ unterjehen, da kriejden alle Menschen auf unser Schiff nasse Augen und sangen miteins jen‘ Schulkinderchoral von die Lore Lei, was sich da oben wo ihrem joldnen Dutt solld‘ aufjemacht haben und ihm durchkämmen, aber ich konnd‘ ihr nich sehen. Manche hätten große Operngudkers mit, aber die waren so außem Heischen und so doll bejeistert, daß ich ihnen gar nich erst um jen‘ Vergreeßerungsglas mocht‘ bitten. — Was ich ieberhaupt nich versteh: Wenn unsre Danzjer Dampfers nach dem beriehmten Weltbad Zoppot fahren, wo erst das wunderscheene Kurhaus zu sehen is, denn die Berje mit richtije Beime drauf, dem Eichendorff seine Talmiehle, weiter Brauershöh‘ und Stolzenfels und dazwischen noch so viele wohlhabende Villas, da stellen sich doch de Leite nich halb so schucker an wie am Rhein mang die muggrije Ruinen und hochstämmje Bulwen!“

„Aber, aber, liebe Frau Krell! So kann man doch kaum vom herrlichen Rheinwein reden! Haben Sie ihn nicht einmal probiert?“

„Goldwasser vom Danzjer Lachs lubbert se lieber!“ speilzahnte Frau Spicker, aber die Krell ließ sich nicht beirren: „Auf meinem Dampfer hätten de meisten ihr Glaschen vor sich und tranken familienweise oder doch wenigstens zu zweit, wenn se verlobt oder verheiratet waren, aus eine Pulle. Ich kriejd‘ auch Appetit drauf, aber jleich ‘ne ganze Buddel?! Ein so‘n freindlicher Herr hätt mich das woll anjemorken und fragd‘ mich nu in ihm sein‘ ulkjen Dialekt, ob er mir vleicht dirfd‘ einladen. Erst wolld‘ ich glattemang nein sagen, von wejen Verfiehrer und Lustmerder, aber jen‘ Rheinländer war nich von die Sort‘, der war sicher ‘n Kafferlier. Ich also mein Jawort jegeben, aber nur auf halb und halb. Und 's wurd' noch 'n scheener Abend. Jen' Wein schmeckd' viel säuerlicher als unser Goldwasser oder der Kurfirsten, aber einer jeweehnt sich woll an alles."

„Und was haste mit jenem Weinjenossen noch allens belebt?"

„Na, was soll schon jewesen sein?! Bißchen jedrickt, sonst nuscht nich."

„Haben Sie denn keine größere Stadt gesehen, Frau Krell?"
„Jewiß, Frau Jeheimratchen, man das jing mich allens bißchen durcheinander, so viele Örter in so kurze Zeit. Und unser olles Danzig ist viel scheener als Frankfurt, Mainz, Mannheim, Wirzburg ... Kirchens hahmse da ieberall haufenweise, aber ehmd unsre dicke Marie nich, kein Sankathrinen mit'm Glockenspiel, kein Krantor und keine See. See kennen se ieberhaupt nich. Meer sagen se dazu und haben 's nie nich jesehen. — Ganz nett war bloß noch Heidelberg."
„Alt Heidelberg, du feine . . .", schwärmte Frau Geheimrat.
„Richtig, das war jen' Choral, was se da sangen und wobei auch immer alle sone blanke Kulleraugen kriegten wie bei jene Lore, was ich nich sehen konnd'. Auch sonst war da viel los: An jedem Haus 'n Dutzend bunte Fahnens. Ich dachd', der Kaiser kemmt, aber 's war was mit die Studenten. Die sind aber gar nich alle jung, nei, ich hab' ganz alte mit schneeweiße Bärte jesehen und alle mit bunte Mitzen und Bänders. Einem hab' ich jefragt. Der war all achtundsiebzig. Ob er denn noch immer Student wär', wolld' ich wissen. Jawollja hat der jesagt, bis im Grab. Und denn is da auch noch 'n Schloß, aber auch wieder kein richtijes Schloß, man bloß 'ne ries'je Ruin mit Efei und so. Da rennt alles hin. Ich mich also auch jen' Berg raufjequält. Unterhalb floß der Neckar, auffe andre Seit' waren jleich wieder nuscht nich als Berje. Bloß an ein End', wo jen' Neckar hinfließt, da war 'n Loch und viel Land. Da solld' einer kennt aller-

hand Städte sehen, — ich sah man blauen Dunst und keine Örtlichkeiten nich. Aber auffem Schloß, wie se die kaputte Heidelberjer Burg nennen tun, da war noch was Dolles, 'n riesengroßes Weinfaß, wo obendrauf jetanzt konnd' werden..."

„Das haste woll mit 'nem weinduhnen Kopp jesehen, Krellsche?"

„Es hat schon seine Richtigkeit mit dieser Merkwürdigkeit", bestätigte die Frau Geheimrat und fragte: „Haben Sie auch Perkeo gesehen?"

„Ei, kiek ihr an! De Frau Jeheimratchen war auch da? Hahmse auch an dem versoffnen Zwerch seine Uhr jekietert und pletzlich mittem Fuchsschwanz umme Ohren jekriegt, ja?"

„Was? Sone Fisematentchen innem Schloß?!" empörte sich Frau Spicker. „Hätt' ich mich aber nich jefallen lassen, von 'nem duhnen Zwerch schon gar nich, und wenn ich mir jleich hätt' beim Keenich beschwert!"

„Hab' ich nich immer jesagt, de Spickersche versteht keinem Spaß nich?! Und 'n Keenig hahm die gar nich, der Zwerch is all lang' dot, und du bist 'ne olle Jiftspritz, heerst?!"

„Nun, Frau Krell", fragte die Geheimrätin, „was war denn nun das Schönste an Ihrer ganzen Erholungsreise?"

„I, wissen Se, 's Scheenste is eijentlich 's End' jewesen. Und da kam es denn immer doller. Ich freid' mir ja so, als ich erst Dirschau hinter mich hätt', als Dreischweinsköpp' vorbeisaust' und Ohra kam und der Zuch endlich im Hauptbahnhof hielt. Wie ich mit meine Kofferts und Pacheidelchens auffen Vorplatz kommen tu — wer bejrießt mir mit sein' weißlackierten Blechzachlinder hoch vom Bock runter? Is das doch warraftig der olle Glodde, jen Taxameterkutscher auße Petersiljengass'. Mit jen' Mochum bin ich doch als kleine Schnoddernäs' noch auffe Wälle, was damals je noch nich waren abjerissen, Veilchen flicken jegangen am

Jakobstor und eins mit's andre. Als ich zuhaus' alles auskramd', brachd' mich doch meine Nachbarsche, de Tretschacksche, was am Buttertor ihrem Stand hat, 'n wunderscheenen Streiselkuchen und sooo'ne Kann' Nachtigallkaffee! Aber das Allerscheenste war, als ich am nächsten Morjen wieder hier auf meine Bank vor de frische Lachschen, Zanders, Aaleken und Pomuchels huckd', Sankathrinen spield', de Meewens schrien wie immer und de Spicker mir bespeilzahnd' wie all die Jahr' schon! — Äh, komm bei mich bei, du olle Rubbelbirst', laß dir umärmeln!"

Der Verkehrsunfall

Paulchen von de Krantorfähr', dem jeder jelernter oller Danzjer noch jekannt hat, jen' Paulchen hat drieben an die Speichers vom Bleihoff all dreimal zur Abfahrt jeklingert und will nu ablejen und losgondeln. Aber miteins heert er doch so'n ordnähres Jegreele und sieht warraftig dem miesepetrigen Matull, was so'n Schauchenbruder is, zum Mottlauufer runterjeschlingert kommen . . .

Paulchen kann dem Kreet nich verknusen, aber mitte Fähr' in de Mottlau stechen kann Paulchen nu auch nich mehr, weil jen' Duhnas sonst direktemang im Wasser mächt' reintorkeln und verblubbern. Also muß denn der Fährmann mitsamt all seine Fahrjäst' an Bord warten, bis jen' Lulatsch unter Absingen von die wieste Weise, was jeder Pomuchelskopp natierlich kennt, so richtig schluckzessive — indem er zur Wegstärkung aus'ne fixniedliche Kimmelbuddel lubbert — de Krantorfähr' da unten ansteiern tut: „Wir hahm dem Schlunk noch lange nich voll, wir sind noch lange nich duhn. Denn wenn wir duhn sind, dänn jehn wir schnarchen, und wenn wir schnarchen tun, dänn sind wir duhn . . ."

Verständnisvoll, aber auch so'n bißchen von oben runter bejrießt Paulchen dem Sänger: „Na, Matullchen, nu klavier' dir man erst scheen an Bord und dänn huck dir hin! — Hast dich ja all mächtig de Schlorren volljeschäppt!"

„Wennher? — Ich? Wo doch jedes Aas weiß, daß d u ewig im Tran bist? Paul, das kann mich richtig inne Wonz bringen, dwatscher Duhnas du. Hast woll lang' keine Backzähne mehr jespuckt, hä?!"

Nu fiehlt sich der Krantorfährenkommodore so richtig auffem Schlips jetreten. Richtig gnietsch ranzt er dem andern an und verlangt, der soll nich am eißersten End' von's Fährschiffchen stehenbleiben, nei, er soll runterkommen und sich mang de iebrijen Fahrjäste hinhucken, wie's sich jeheeren tut.

Aber Matull macht Menkenke: „Fier mein gutes Jeld kann ich auf deine molsche Bratpfann' stehen, wo's mich passen tut, heerste? Und nu fahr endlich ab, du Tullas!"

Paulchen verbittet sich sone Anpeeblung und sagt dänn: „Nu erst mal her mit dein' gutes Jeld! Wo haste's denn sitzen, inne Bixen oder im Stiebel, hä?!"

Als jen' Matull endlich sein Zweifennigstick von hintenher hat rausjepuhlt, tritt Paulchen anne Seit', wirft die kurze Kett' mit jen' blanken Knopp um das Drahtseil und zieht an seinem breiten Dubbas von ledernem Brustgurt wie eh und je seine Fähre stampfenden Schritts quer ieber de Mottlau, aufs Krantor zu...

Er is aber noch nich ganz inne Mitt' anjelangt, da kemmt ihm hart backbord 'n Dampfer auffe Flanke zu. Paulchen hat ihm natierlich all lang' bemorken, aber erst im letzten Aujenblick bremst er seine Fähr' kurz und hart ab und senkt auch all sein Fährseil nach Vorschrift in de triebe Flut...

Unser Paule hat ganz richtig anjenommen, daß jen' Suffke, Schucker-Matull, sich bei jenem mächt'jen Ruck nich wird auffem obersten Achterstewen von de Fähr' halten kännen. Warraftig is jen' Torfkopp denn auch miteins ricklings ieber Bord im Wasser jeschmort. Da zappelt er nu und brillt lauthals um Hilfe...

Jibt das 'n Aufstand! Irgendeiner von de christliche Seefahrt schreit: „Mann ieber Bord!" Die Frauensleit' kreischen und jammern. Hoch vom Bug des Dampfers, der rasch dem Anker hat auße Klüsen sausen lassen, schmeißen se 'n Rettungsring, aber der klatscht weitab in de Mottlau.

Da faßt Paulchen so ganz jemietvoll in de Schäckerttasch', zieht 'n handliches flaches Buddelchen raus und kluckert 'n ganz langen Schluck hinter'm Latz. Dänn packt er dem Bootshaken und jeht mit dem am Heck von sein' Fährprahm, von dem aus Matull ja is rinjeglibbert. Und Paulchen belkt ihm zu: „Was brillste eijentlich immerzu, Schucker-Matull?"
„Ich ... ich ... kann doch nich schwimmen!"

„Na, ich ja auch nich, aber deswejen schrei ich doch nich wie doll!"

Da drängen ein paar Arbeiter: „Paul, halp doch, he woard sonst glieks afsupe!"

„Oawer bie mi doch nich!" grinst Paulchen, läßt dem Bootshaken ausfahren und bekommt Matull am Hosenbund zu fassen. Dänn hält er dem prustenden Tullas so richtig in de Schwebe und speilzahnt: „Na, Großfreß, haste nu dem Schlunk so richtig voll?"

Die triefende Wasserratz' fummelt mitte Arm' immer inne Luft rum, spuckt wie doll, ringt nach Puste und sagt kein Wort nich.

„Zu was haste dir eijentlich im Wasser jestirzt?" will Paulchen nu von ihm wissen und gneddert sich eins.

Matull antwortet erst, nachdem Paul seine Frage wiederholt hat und dem andern am Haken ruckelt und schuckelt: „Ich ... ich ... bin doch ... hick! ... 'n bißchen blau!"

„Mann, ich ja auch, aber daderwejen spring' ich doch nich in de kalte Mottlau!"

„Dänn zieh mir wenigstens raus hier auße Brieh'!"

Und nu hiewt Paulchen endlich dem Sinder an Bord, packt ihm am Wischkoll und bugsiert ihm auf de lange Seitenbank, wo allerhand Fahrjäste hucken und zukieken.

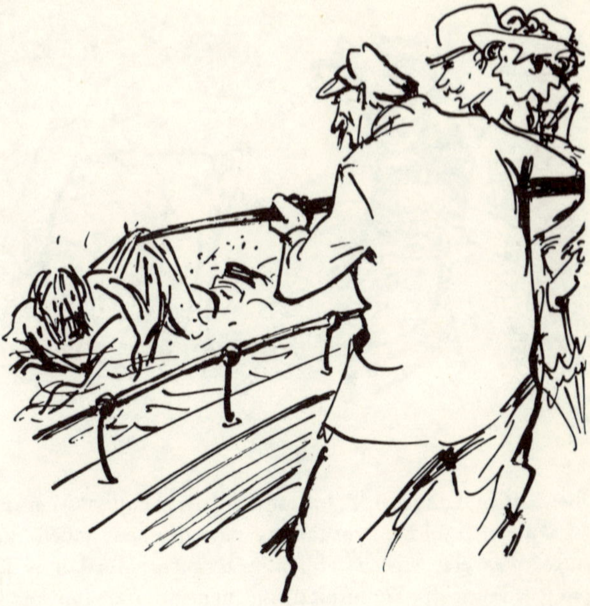

„Huch", empört sich da eine elegante Dame, „Sie bespritzen mir ja mein ganzes neues Kleid mit Wasser!"
„Heeren Se, Madamchen, sollt's am End' bloß 's halbe Kleid sein? Oder hahm Se sich jedacht, daß ich Ihnen fier Ihre zwei Plauzfennje 's ganze Kleid. auch noch mit Schocklad' solld' bekleckern?"
„Das ist ja gar nicht zu fassen!"
„Is es auch nich. Schmiert bloß. — Erst auftrocknen lassen und dänn rin in de Waschbütt'!" gneddert Paulchen. Dann wirft er wieder die kleine Kett' mit jen' blanken Knopp um sein Drahtseil und zieht am verschwitzten Brustband seine olle Fähr' weiter iebers Wasser, bis er se am Bollwerk unterhalb vom Krantor endlich festmachen kann.

Oben auffe Langebrick‘ hat sich all ‘n Haufen Menschen anjesammelt, solche, was allens mitanjesehen haben, und andre, was erst wissen wollen, was auffe Mottlau is losjewesen. Auch die Helmspitz von ‘nem Schutzmann kemmt langsam in Sicht, aber ehe jen‘ durch‘s Jewihl herbeijelockter Mann des Jesetzes durchkommen kann, leift doch Matull, was durch die Abkiehlung und all die Aufrejung wieder ganz nichtern is jeworden, schon wie so‘n Wiesel die andre Trepp‘ hoch und is durchem Krantor jeflitzt.

Paulchen kiekt ihm freindlich nach, denn der hat ja seine jerechte Abreibung bezogen. Paulchen kiekt aber gar nich freindlich jen‘ Schien entjejen. Als ob nuscht nich wär jeschehen, huckt Paulchen sich auf seine muggrije Bank unter de Bimmel, kramt sich ‘ne Pries‘ Schnupptobbak vor, schiebt se hinter de Klüsen und gnurrt ganz gnietsch vor sich hin: „So‘n Säbelfranz hat mich hier jerad‘ noch jefehlt. Macht der mich womeejlich noch Vorwirfe oder quasselt so was von wegen ich wär ‘n Duhnas, dänn besorj‘ ich dem dreibast‘jen Polypen auch noch ‘n zimft‘jen Verkehrsunfall!“

Guste und Grete

Frau Auguste Fregin hat sich wieder einmal vom Markt mit vielem abgeschleppt, was weniger ihr selber Freude macht als ihrem Mann. Jetzt ist sie in der Küche dabei, ein Huhn zu brühen und zu rupfen, weil er schon lange den Wunsch nach Hühnerbrühe mit Nudeln und Ei geäußert hat. Während sie gerade die großen Schwungfedern rupft und beiseite legt, weil die ja überall im Haushalt Verwendung finden, klingelt es an der Wohnungstür. Ihr Mann kann es nicht sein, denn er hat heute als Ziehmann und Packer bei der Spedition Heinrich Hülsen einen großen Umzug vor. Also wird es hier am Rähm, mitten in der Altstadt, vermutlich ein Bettler, ein Toppchenstricker, sonst ein Hausierer oder eine Zigeunerin sein.

Auguste Fregin schiebt seufzend die Schüssel mit dem Brühwasser und dem Vogel darin von ihren Knien auf die Bank, steht auf, streicht sich übers Haar und geht öffnen. Vor der Tür steht Grete Stagneth aus der Malergasse, Ecke Altstädtischer Graben. Die Ehepaare Fregin und Stagneth sind seit Jahren miteinander befreundet. Grete schiebt sich mit zwei gefüllten Taschen über die Schwelle: „Tag, Guste! Ich muß mir 'n bißchen verpusten, weißte! Entchen, Butter, Eier von de Kaschuben — andre kauf' ich nich —, Kumst, Kohlraben, Pasternak, Wrucken, Schweinebauch und eins mit's andre ... De Läng' trägt ehmd de Last. — Haste vleicht noch 'n Toppchen Kaffe iebrig oder Buttermilch, dicke Milch oder wie oder was?"

„Na klar, Grete, fier dir allemal! Lej' ab und huck dir bei mir! Bin auch all auffem Marcht rumjekroffen, bis ich allens beisammen hätt'. — Du, mein Franz is ganz verrickt auf Huhnchen, aber jekocht, nich jebraten, der Schucker!"

„Was mein Max is, der war all immer mehr fier'n Ganschen, schier und ruscheldubsig. Gans so und Gans so, sag' ich dir! — Nu is der doch solang' schon Eheknochen, aber meinste, der hätt' sich de Herners all abjeranzt? Is nich. Wenn der wo 'n blondes Mensch mit sonem Busen vorbeiwackeln sieht, dänn zittern dem Kujel de Knie. Ich sag' ihm das auch, aber er grieflacht sich dänn eins wie so'n heimlicher Jenießer, knallt mich einem auffen Podex und bälkt: ‚Äh, Grete, bist ja doch meine beste!' — Na, was kann unsereins dänn anders machen als lachen?!"

„Na, ich weiß nich so recht. Meinem Franz stechen manchmal auch noch sone Zulters inne Augen; das seh' ich doch, aber eh' ich mir von ihm mit sonem Deiwel betriejen laß, was bald meine Tochter kännt' sein, sitzt bei mich 's Nudelholz locker! Du, einmal, als er's dänn zu doll hat jetrieben, da hab' ich dem doch warraftig mit's Waffeleisen dem Glumsert bereestert! Ich kenn' mir selber nich mehr, wenn er mir so richtig im Braß bringen tut!"

„Eh' du dir von ihm betriejen läßt, haste jesagt. Aber wenn du das erst gar nich m e r k e n tust, ei was dänn? Dadervon kann i c h dir'n Liedchen singen, 'n ganzen Choral, nei, 'ne Simpfenie! — Du, dem Max, dem hab' ich wahr und warraftig mal mit 'ne junge Zijeinersche zufällig bei Ohra beklappt, als ich da meine Tante Tildchen zum Jeburtstag wolld' gratulieren jehen. Gleich auf Stadtjebiet, weißde, wo's nach Kowall abjeht, da... Na, als der dänn mit seine treiherz'je Augen nach Haus' kam und auch von nuscht nich was wolld' wissen, da hab' ich ihm aber auffem Kreiz jelegt: Erst 'n Eimer Wasser ieber'm Kopp, dänn mittem Wischkodder umme Ohren und zum Schluß mittem Schrubber im Kreiz jebuggert, immer auf das kleine Bißchen!"

„Heer' bloß auf! Da tut mich das arme Maxchen ja noch nachträglich leid, so von wejen erst naßquiddern und dänn auch noch so doll berubbeln! Wie kannste aber auch bloß so inne Wonz kommen?"

„Ei, soll ich mir vleicht unjestraft betriejen lassen?"

„Na, so richtig groß betriejen ja nu gerade nich, aber was kann er denn mit die junge Schwarzbunte an hellichtem Tag schon viel anjestellt hahm? Doch heechstens bißchen abjeknutscht! Und so'n bißchen Freiheit muß doch der Mann... Kiek mal, unsereins macht doch auch mal einem Kulleraugen, nich? Wenn ich so an frieher zurickdenken tu ..."

„I nei, an was denn so, hä?"

„Will ich jern jestehen: An dem wunderscheenen Scherschant auffem Paukenschimmel von's erste Leibhusarenrejiment. Wenn ich dem zu sehen kriegd', war ich rein weg und ..."

„Aber er kiekd' dir doch nich mal mit die bunte Schabrack' von seinem Gaul an, oder?"

„I wo doch, aber mich wurd' immer schon schwummrig, wenn ich bloß ihm seine Pelzmitz' mittem Totenkopp und jen' roten Paradepuschel von weitem sah und jen' herrliches Jebumse um ihm rum heerd'!"

„Jaja, wir arme Weiber! Richtig Appetit kriegt man manchmal bei sowas. De Husaren sind ja nu all lang' nicht mehr hier, aber wenn ich so unserem Musikdrekter Stieberitz an de Spitz' von de Danzjer Schupokapell' maschieren seh, oder der dirijiert so's Ganze am Sonntag vor'm Artushof oder im Zoppoter Kurgarten, dänn is der warraftig auch nich ohne! Da können schon Winsche wachwerden, du!"

„Na ja doch, ja doch. Is doch ganz menschlich sowas."

„Siehste! Und unsre Männer sind ehmd auch Menschen und mächten ..."

„Nee, nich in de Lamäng, denn die haben ja doch u n s !"

„Was du nich sagst! Aber wenn die uns haben, dänn haben wir doch auch sie. Oder vleicht nich? Männer sind se doch nu mal. Und was fier welche!"
„Man immer halblang, Guste! Ich denk', 'n Mann muß immer forsch und stramm und bei de Hand sein, nich?"
„Klar, immer auf Posten, wie se bei die Soldatchens sagen, und bei de Feierwehr auch. Das weiß ich von meine Nachbarin, die Stenzelsche. Der ihr Oller is sogar Oberfeierwehrmann."
„Du, dänn is mein Max aber nich von jene Sort'. Wenn ich dem mächt' weiterschnurcheln lassen, der wird' noch mittags in de Mull' liejen. Morjens kriegt das Kreet nich de Freß auf, aber am Abend is das einfach nich dotzukriejen. Manchmal bin ich richtig eierboßig drieber."
„Ei, meiner erst! Der is manchmal morjens und abends nich zu leiden, außer wenn wo einer zum Skat oder Eelkopp kommen tut oder wenn er sich bißchen anjeschickert hat. Dänn legt der dir aber los wie jen' Trompeter von Mars-la-Tour oder von dingerings von ...?"
„... von Säckingen, meinste woll?"
„Richtig, und dänn kann er de Klapp' ieberhaupt nich zukriegen!"
„Tjawoll, ganz wie mein Max, und dänn jeht ihm auch rein nuscht nich rasch jenug. Und freindlich is der dänn, richtig voll Schwung!"
„Nett sind se ja auch, wenn se mal was mitbringen tun. Mein Franz kriegt das fertig und knallt mich im Sommer 'n Korb Erdbeeren auffen Tisch', 'ne Wucht Schlagsahn' dazu, wintertags mal wo'n scheenen Reicheraal oder 'ne Gans von acht, nein Pfundchen!"
„Mein Maxchen jenauso, aber der hat's im Sommer meist mit die allerdickste Heibuder Speckflundern und Neinaugen, im Winter mit Puter, Spickbrust, auch mal Kalbsnierenbraten. Was der so ranschleppen tut, das riehrt mir manchmal so richtig!"

„So, das riehrt dir auch noch? Dwatsche Schrull', merkste eijentlich nich, daß unsre schlaue Labommels uns zu allermeist nuscht anders nich bringen tun als ihre eijne Leibjerichte? Meiner hat mir noch niemals paar Pfundchen Weintrauben oder Appelsinen mitjebracht oder 'n paar anständje Sticker Makronentort' und so."

„Und Maxe mir noch nie Mix-Marzipan, wo ich so jibbrig drauf bin!"

„Aha! Also: Die Tullasse sorjen bei all ihre Mitbringerei zuerst fier sich selber. Weil se ganz jenau wissen, daß wir mit denen ihre Ieberschwänglichkeiten von Leibjerichten unser bißchen Haushaltsjeld nich so verquasen wirden!"

„Dänn zerrebbel dir man auch gar nich so doll mit deinem Franz seine Hiehnerbrieh mit Nudeln und dies und jens, heerst?"

„Stimmt, man bloß: Ich eß' ihr a u c h so jern. Und dänn, wenn ich ihm mit sowas mal nich willfahren tu', weißte, was mein Oller dänn anstellen tut?"

„Na, was wird er woll machen? Beknutschen und beknillen wird der dir ja woll, nich? — Machen se doch alle nich anders!"

„Das auch, aber miteins fängt der an zu singen: ‚Als im Jahre siebzig wir nach Frankreich sind marschiert, hat die Guste, die bewußte, mir das Butterbrot jeschmiert . . .' Und das singt mein Franzchen mit soviel Jefiehl, als ob er mächt' damals wirklich dabeijewesen sein!"

„Ja, das mit de Riehrung, das verstehen die Lausangels großartig! Machen se aber immer bloß, wenn se von unsereins was haben wollen. Bei Max merk' ich das all vorher, wenn der sich so sachte anheizen tut und mir auch mächt'. Dänn sag' ich ganz eisig: Nu sing' man noch 's ‚Seemannslos', du Lachodder, dänn lach' ich mir weg! — Ja, als Ehefrau muß einer ehmd doch manchmal de Bixen anhaben!"

„Ei, und was sagt er dänn, dein Ehe-Unnoselchen?"

„Der markiert entweder, wie'n Engel auf Filzwuschen, de Harmlosigkeit selber, oder er aast mittem Stuhl jejen dem Tisch, schmeißt sich dem Schäckert ieber, ballert de Tier zu und haut ab."
„Kiek, jenau wie m e i n Oller! — Ich mächt' man bloß wissen, zu was die sich so dwatsch anstellen tun!"
„Ganz einfach: Denen fällt ehmd nuscht Vänimftijes ein. Männer sind manchmal richtig obsternatsch, wenn se nich ihrem Willen kriejen. Entweder brillen se los wie de Torpedoboote im Kaiserhafen immer taten, oder se verkraufen sich vor Verlejenheit wie 'ne Pogg' unter 'nem Mummelblatt im Wallgraben bei de Bastion Wolf."
„Da verstehen wir Weibsleit' es doch besser, was zu erreichen, was, Guste? Wenn ich bei meinem Franz mal die Eierchen fier'nen neien Hut loseisen will oder womeejlich fier'n schnatzijes Kostiem, dänn koch' ich ihm erst paar Tage lauter Leibjerichte ..."
„Jaja, dein Franz is doll verfressen!"
„Das will ich nich jeheert hahm, du! Ei, haste mich nich oft jenug de Ohren volljebrisselt, daß du deinem Minimax ieberhaupt nich sattkriegen kannst?"
„Das von Minimax will i c h nu wieder nich jeheert hahm, Grete! Daß mein Max man klein is, stimmt, aber der Napoljong is auch muggrig jewesen und doch mußden alle nach dem seine Feif tanzen und ..."
„Aber nach Maxchen seine Piep tanzt heechstens du selber, wenn es dich mal gerade im Kram paßt, nich?"
„Stimmt. Iebrijens is mein Max ja sonst richtig schmissig und jeschmeidig jejenieber deinem Tullas von Franz!"
„Dafier is mein Franz auch 'n Kerl wie der Fliejelmann von's erste Garderejiment zu Fuß und das Maxchen is' 'n verquiemter Primelpott dajejen."
„Was haste jesagt, olle Zipp? Dein langes Jebilster 'n Fliejelmann? Bloß weil der an 'ner Heibuder Fischerkat' kann aus de Dachrinn' saufen? Das is 'ne Bohnenstang' mit paar

Spazierstöckers dran; das sind ihm seine Arme und verkehrt einjeschraubt sind die auch noch. Der Glumskopp is so miekrig wie 'ne Friehkatoffel als Kleinkind, der große Schnurras und die gnubblije Karott' mitten drin is 's ganze Jesicht von dein' Gardejeneral, aber mein Max . . . !"

„Dein Ehekriemel auf Filzwuschen, so'ne Maus im Haus . . ."

„Heerste auf oder ich verjeß mir, du molsche Blubber . . . !"

„Noch 'n Wortchen, und ich knall' dich dem nächsten Triejel umme Ohren, du Deiwel in Petersiljensoße . . ."

„Und ich feier dich dein eijnes Nudelholz im Kreiz!"

„Grete, Meeensch, das sind ja die reinste Mordandrohungen!"

„Um Gottliebs willen, Guste! Und wo wir uns doch so jern haben!"

„. . . und Freindinnen sind!"

„Hier hast meine Flosse! Und allens is wieder gut!"

„Na, klar, du! Mich is ganz schwach auffe Fieß'!"

„Schwach im Kopp is schlimmer."

„Man darf einem ehmd nich immer mitte reine Wahrheit im Jesicht springen, glaub' ich . . ."

„Mittem nackten Hintern aber auch nich . . ."

„Heechstens mit beruhijende Buttermilch oder so. — Hast nich bißchen so was zu lubbern nach die viele Aufregung?"

„Hab' ich, da, 'ne Pulle gutes Jopenbier, was mich der

Doktor mal hat fier de Brust anjeraten, damals, als ich mit mein' Brunchen jing."

„Was, der wo all längst bei de Pioniere Spieß is?"

„Na ja doch, aber damals war der doch kein Spieß nich, der war doch noch gar nich im Leben reinjetreten!"

„Und nu haste all die viele, viele Jahrchens immer weiter jen' Jopenbier jenuckelt? Na, man sieht ja, wo's bleibt, nich?"

„Weißde, das is auch 'n bißchen wejen meinem Max. Der mag sowas!"

„Was denn, 's Jopenbier oder de Jopenbierbrust?"

„Wenn's denn durchaus wissen mußt: Beides!"

„Kaum jedacht, schon jelacht: Mein Franz is auch fier's volle Menschenleben. Aber so'ne kleine Gnussels wie deiner, die sind immer am dollsten, die prickt der Hafer am meisten!"

„Wirst all wieder großbramsig? Jieß lieber das Dickbier ein!"

„Scheimt ja all ieber! Nu hoch und hinterm Korsättchen jeplätschert — proscht!"

„Proscht! — Fehlt bloß noch 'n Happenpappen zu die Delikateß'!"

„Wenn's weiter nuscht is?! Ob mein Oller heit' auffen Abend seine Sticker sechs oder sieben jerestete Neinaugen verdricken tut oder man bloß de Hälft', is egal. — Greif man zu!"

„Bist wenigstens nich rachullig, Guste!"

„Nee. Aber was is? Kiekste dir vleicht nach 'ne Gabel um? — Is nich! Sowas Scheenes muß einer mitte Finger essen!"

„Ich weiß nich recht, du, ob feine Herrschaften nich doch . . ?"

„Meine Frau Kommerzienrat, bei die ich fast fuffzehn Jahr' hab jedient, die sagd' immer, ob richtig oder falsch, das hängt bloß von die Perseenlichkeit ab."

„Hm, aber von was hängt d i e nu wieder ab?"

„Beschiet, hab' ich verjessen! Aber Gabel is trotzdem nich!"

„Wirst nie ‘ne feine Frau werden. Bist und bleibst ‘n Zulter.“
„Ei, und du dicke Sülznees‘, du . . .“
„Na, was kemmt nu? An was kniewelst all wieder, hä? Am End‘ vertragen wir zwei uns ja doch, Dussel!“
„Västeht sich. — Du, das machen wir nu all so viele Jahre: Immer rauf auffen Deez und dänn wieder vertragen — zu was eijentlich?“
„Weiß ich? Aber ohne Ärjer und Zerjelei in alle Freindschaft wären wir auch nich zufrieden, nich?“
„Nee, Guste, auf keinem Fall nich!“
„Und was wirden auch unsre Männer bloß denken, wenn nu alles sollt‘ andersrum jehen?!“
„Wo die das doch auch nich viel anders machen als wir!“
„Bloß keine Langweiligkeit nich, dänn lieber ‘n Schlag reinjehauen! Und weißte auch, warum?“
„Nei, aber du fragst wie damals mein oller Lehrer Krabuffke auffem Klotzkorkenjimnasjum, immerzu und ohne End‘!“
„Du, das schult dem Geist, die viele Fragerei.“
„Meinswejen, aber in meinem Glumsert muß woll de Klingel ausjehakt sein oder wie oder was . . .“
„Siehst auch all ganz trippstrillig aus!“
„Das verjeht, bloß wenn einer dammlig is, das bleibt.“
„Also, ich frag‘ dir wieder, warum wir beid‘ keine Langeweil‘ nich haben wollen und lieber ‘n Schlag reinhauen? — Na, olle Schrull‘, nu raus mit die Antwort!“
„Ganz einfach, mein Trautsterchen, weil hinterher de Verseehnung doppelt scheen und drollig is!“
„Da sag‘ ich bloß schlicht und ergreifend: Tjawollja!“

Das Dachgartenfest

Damals war Bollermann bereits einige Zeit von der Marine entlassen und sein Freund Welutzke hatte seine Dienstzeit bei der Fußartillerie in Thorn hinter sich. Sie waren stramme Kerle und verdienten gut. Bollermann arbeitete bei einer Spedition draußen in Neufahrwasser und Welutzke in einer großen Getreidehandlung auf der Speicherinsel, irgendwo zwischen München- und Mausegasse.

In ihren blauen Sonntagsanzügen, die damals hochmoderne „Kreissäge“, einen flachen Strohhut, auf dem Kopfe, steife weiße „Porzellankragen“ um den Hals, Manschetten mit dicken Silberknöpfen, über dem Arm den unvermeidlichen Spazierstock aus Bambus, so hatten die beiden, die natürlich auch den kurzen, aufgesetzten Schnurrbart trugen, Bollermann dazu das bei der Marine übliche Spitzbärtchen, sich sehr bald im Tanzlokal „Zur Ostbahn“ von Franz Matthesius in Ohra zwei Mädchen angelacht. Das waren keine überüppigen Germanengestalten, aber auch keine dünnen Weißnäherinnenfigürchen, nein, Olga und Frieda stellten etwas ganz Reelles für den Arm und fürs Herz vor. Da Bollermann aber seit jeher ein bißchen nach Gewicht geliebt hatte, war sein Schleiserchen die angenehm mollige Warme Mamsell vom Hotel „Germania“ in der Hundegasse, während Welutzkes Flamme in der „Wolfsschlucht“ arbeitete, auch in der Hundegasse, schräg gegenüber der Hauptfeuerwache. Mit der Feuerwehr und ihrer Tätigkeit hatten die beiden Mädchen das gemeinsam, daß sie stets rasch bei der Hand waren und heiß wie die blanke Dampfspritze. Frieda, die Fixniedliche aus der Wolfsschlucht, hatte ihrem Welutzke bald so eingeheizt, daß er schon zum Standesamt laufen wollte, das Aufgebot zu bestellen, ehe sie recht und rundheraus ja gesagt hatte.

Was weiter zu berichten ist, kann eigentlich gar nicht anders als in unserer Mundart erzählt werden, denn nu kemmt das Dollste, was natierlich reiner Zufall war, aber einer mittem Fiff: Jene zwei beid' Scheenen waren Nachbarskinder, wohnden mitten in de allerscheenste Altstadt, wo zwischen Sankathrinen und de Johannskirch', und hießen Karehnke und Koslowski. Das wär' woll in keine andre Stadt nuscht Besondres nich jewesen, in Danzig aber, und nur da, gab es sone enge Nachbarschaft, die was einem noch heit' kaum einer glauben mächt', nämlich 'ne Dachgartennachbarschaft.

Ma kännt' sich ja nu dicktun von wejen Altertum und jene „Schwebende Järten der Serimsamis" oder wie die äjyptisch-babylonische Prinzessin hat jeheißen, aber ich brems' mir lieber und erzähl' dafier haarklein von jenem unverjeßlichen Dachgartenfestängchen mit Lampjongs und Zislawängs.

Wie das anfangen tat, haben die Zeigen, was heit' vleicht in ihre dicke Filzpampuschen irjendwo am Ofchen hucken und mittem Kopp nicken, noch gut in Erinnerung: Es war wieder mal 'n Sommerabend wie 'n Jedicht von Jeethe und so heiß und trocken, daß einer rein brillen konnd' nach's erste große Helle wie die gnußlije Poggenbullen im Wallgraben nach ihre Poggenmarjellchens.

Und nu jeht los: Bollermann schunkelt gerad' de Langebrick' längs, als Welutzke aus Paulchen seine beriehmte Krantorfähr' aussteigt und de Trepp' raufjescheddert kemmt. Er benutzt immer de Fähr', weil sein Zimmer, was am Kielgraben liegt, auf diese Weis' dem besten Anschluß an de große Welt haben tut. — Welutzke nu dem jetreien Freind

sehen und ihm umärmeln, is eins, aber Bollermann, von wejen gleich Hand jeschaukelt und Ziehgarr' oder Zigarettchen anjeboten, is nich. Fragt Welutzke also: „Is was? Ziehst ja 'ne Freß wie 'n saurer Hering!"
„Weil's regnen wird."
„Warum bloß? De Sonn' scheint doch wie dammlich!"
„An die Eck' Langermarcht und Große Hosennähergass' hab' ich 'n Eierkopp jetroffen. Und Eierkopp jiebt Rejen."
„Wennher? Bist ja doch woll nich dwatsch?"
„Hat all meine Großmutter immer jesagt und die verstand wirklich was vom Wetter. Die war aus Fischerbabke, wo de Wetterfrösche Hochzeit halten tun. Da is was los, du!"
„Bei dich dröhnt's woll? Wieso soll gerad' n' Eierkopp Rejen bringen? Warum denn nich 'n Mondjesicht?"
„Dussel! So 'nem Eierkopp sein Kopp sieht ja all von Natur so aus wie 'n dicker Rejentroppen . . . Du, das stimmt immer, wirst sehen, Welutzke!"
„Bei dich da oben im Deez klingert's woll? Ei, was bringt d e i n oller Glumsert denn fier Wetter, hä?"
„Wenn's nach dem jing, wär' ziemlich oft Sonnenschein."
„Ei er dir! Und zuwas nich i m m e r?"
„Weil das auffe Dauer langweilig mächt' werden. Meeensch, das wär' doch, als wenn einer sein Lebtag immerzu dieselbe Ollsche mißd' hahm!"
„Ich denk', jenau das willste, wenn du erst deine nette . . .?"
„Du, oller Pomuchelskopp, kannste schweigen wie' n' Grab?"
„Klar, Mann, worieber denn?"
„Ieber all die Triebseligkeit, was wir uns vleicht aufladen kännten, wenn ich meine Olga heiraten tu' und du deine Frieda!"
„Junge, Junge, ja. Aber wir hahm uns doch all beinah' festjelegt!"
„B e i n a h bloß fest, is immer noch lose!"
„Eijentlich haste recht. Ach, wenn unsereins man nich so doll liebebedirftig mächt' sein!"

„Und wo wir heite Abend doch extra sind einjeladen zu jene Dachgartennachbarschaftsbowle!"
„Von die vereinigten Familien Karehnke und Koslowski. Und ihre Töchters, was beinah' unsre Bräute sind!"
„Weißde was? Meine Olga, die jefällt mir aber wirklich!"
„Klar, meinste, mir nich?!"
„Nanu, ich denk', du hast dich in die Frieda verknallt?!"
„Jewiß, aber jefällt se dir nich auch?"
„Und wie! — Du, wenn wir nich so gute Freinde wären!"
Am Abend stieg dänn jeder von beiden, 's Blumenstreißchen so unjeschickt wie männermeejlich in de Hand, all die viele Treppen zu Karehnkes beßiehungsweise Koslowskis rauf; zuletzt nach gute alte Danzjer Art nur noch an sonem End' Ankertau als Jeländer. Als se endlich oben waren, da japsten se bei die dolle Hitz' erst jeder fier sich wie 'ne Pogg' am Leejetor und wischten sich ieberm Glumsert. Dänn aber gab jeder mit 'ne schwungvolle Verbeijung sein Bukettchen ab, und nu war allens ieberstanden, was se bedrickt hätt'! In Karehnkes Haus führte Olga ihren Bollermann, bei den Koslowskis nebenan die flotte Frieda Herrn Welutzke zunächst auf den Boden. Von jedem Boden jing nu 'n kleines Treppchen rauf nach sone Dachgaubentür, was natierlich offenstand. Und zwischen jene zwei Durchlässe in Karehnkes und Koslowskis Dachschräjen, da war je nu mit hölzerne Pfostens 'n scheener breiter Bretterboden jezimmert, wo Tische, Bänke und Stiehle draufstanden. Drumrum lief 'n Jeländer mit Blumenkastens. In de Ecken standen Oleanderkiebel und ringelten sich Feierbohnens an Bindfadendrusseln kreiz und quer, und das allens hoch ieber de Rejenrinn' fier beide Heiser, was nach 'm Vorder- und Hinterjiebel zu ihre Abflußtorchen in de Straß' und dem Hoff hätten.
Auf jen' jemeinsamen Dachgarten huckten all die ollen Karehnkes und Koslowskis — von die Familje auch noch 'ne Großmutter — und allens war scheen jedeckt, indem daß jeplant war, erst Setzeier mit Reicherschinken und Brats-

katoffeln zu jenießen und hernach 'ne zimftje Erdbeerbowle auszulubbern. Als nu die zwei beid Schwiejersöhne in spe jeder aus 'm andern Haus auf dem Schauplatz der Ereijnisse jeschoben wurden, gab's gleich 'n großes Hallo. Und jen' Krach blieb von da an immer gleich doll, weil Oma Koslowski nuscht nich heerd', aber immer allens jenau wolld' wissen. Also mußd' ihr jedes Wort von Wichtigkeit in ihr großes, jebognes Heerrohr jebrillt werden. Trotzdem fragd' se meistens: „Was-chen?“ oder se bälkd': „Ich bin aber auch noch da!“ Und da mißd' ihr wieder was rinjetutet werden ... Nachem Essen mußden sich Bollermann und Welutzke um de Bowle kimmern, was seinen Grund hätt': Jen' Bowlchen war zwar vom ollen Karehnke und von Vater Koslowski all am friehen Nachmittag zimftig anjesetzt jeworden, aber se hätt' sich inzwischen verdinnesiert. Die zwei beid' Papas beteierten bei Befragung durch ihre anjetrauten Ehehälften, das käm' von die dolle Hitz', aber de erfahrne Weiblichkeit glaubd' ihnen kein Wort nich und versteckd' jene große Terrin' auch noch unterm Dachboden: da wär' mehr Schatten und wen'jer Probiermeejlichkeit fier Männer mit Bierbeiche und so ...

Als dänn die junge Leite denen ihre Arbeit fortsetzen taten, indem daß se auf jen' Konzentrat und die Erdbeerens, was sich auch väflichtigt hätten, dem Wein und schließlich noch paar Pullchen Sekt jeruhsam raufplätschern ließen und allens fachmännisch abschmecken taten, da waren die beid' Ollen erst bißchen eierboßig und gnurrden sich eins. Aber weil Oma Koslowski all wieder ihrem Dubbas von Heerrohr zicken tat und wissen wolld', ob wo was nich im Lot mächt' sein, da gnedderten se freindlich und brillden ihr zu, wie doll daß se sich auf dem scheenen Abend freiten, auf jene Erdbeerbowl', auffem Mond, auf de Lampjongs, was noch sollden anjestochen werden, auffe Musik und eins mit's andre. Als Oma Koslowski nu wieder wissen wolld', welche Musik, da winkden se bloß mit de Daumens umme Eck' und schlabberten von de Glockens von Sankathrinen. In Wirklichkeit meinten se aber die Quetschkommod', was jen' Altchen partuh nich ausstehen konnt', was aber Papa Karehnke ebensogut und jern spield' wie Bollermann, indem daß se beid' bei de Marin' jedient hätten, oll Karehnke wahr und warraftig bei de Reitende Jebirjsmarine in Tsingtau, was durchaus kein Ullei nich is, Bollermann freilich bloß auffem Küstenpanzer S. M. S. Aegir, was in Danzig stationiert war. Das wie das, aber als nu de Erdbeerbowle endlich auffen Dachgarten raufjestemmt und in de Gläsers jefillt war, als jeder 'n herzhaften Schluck oder auch mehrere jenommen hätt', da lief allens ab wie auffe Biehne vom Stadttheater am Kohlenmarcht, jenau nach Stil und Jefiehl: Ieber Danzigs Dächern jing der Mond auf, 's Glockenspiel von Sankathrinen ließ feierlich sein Choralchen heeren, dänn stach Papa Koslowski de Lampjongs an, Vater Karehnke bediend' dem Schifferklavier und wer Platz fand, tanzd' auffe Dachgartenterrasse. Bloß Oma Koslowski schlackerd' mit de Ohren und wolld' wissen, wieso miteins Olga von Welutzke und Frieda von Bollermann rumjeschwenkt wurd' und nich umjekehrt. Das aber war ganz zu Anfang bloß 'n harmloser Zufall jewesen, bis 'n unerwartetes Ereignis allerlei umschmiß. Und das kam je denn so: In eine Paus' zwischen Tanzerei und Trinkerei unterm Sternenhimmel stirzd' miteins Oma Koslowski ihr Heerrohr von de Stuhllehn', wo se's fier 'n Momang hätt' anjebammelt, weil se doch wolld' 'n belegtes Semmelchen knautschen, ieberm Jeländer rieber in de Tiefe. Paar heerden das Dubbaschen noch klappern, dänn war es gonn. Zwischen die zwei Dächers, inne Rejenrinn' mußd' es liejen, aber wer konnt' das bei die aasje Dusterkeit da unten noch sehen!

De Oma bramusert und jammert dazwischen rein zum Steinerweichen, da beweisen sich Bollermann und Wuletzke als Kafferliere, indem daß se miehsam ieber de Dachpfannen runtenkraufen wie jelernte Dachdeckers und dänn jeder eine

Seit' von jene Rinn' jenau abjehen, abgucken und abtasten tun, soweit 's Schicksal das zuläßt. Denn was die Freinde nich wissen, is das: Von jedem Dachboden aus, also von de Karehnkes ihrem und von de Koslowskis ihrem ebenso, fiehrt 'n kleines Klappfensterchen zum Liften raus. Um sich nu auch 'n bißchen nitzlich zu machen und kieken zu helfen, steckt jede von die zwei beid' Marjellens ihrem Kopp durchs väterliche Fensterchen. Sehen tut keine mehr als dem besternten Himmel ieber sich und zwei sich langsam vortastende Mannsfieße vor sich. Im jeeijneten Momang kriegt denn auch jede das dranhängende Mannsbild zu fassen, zu begrabbeln und zu sich ranzuziehen. Die verliebten Kerls lassen nu natierlich jen' dwatsches Heerrohr von Oma Koslowski Heerrohr sein, suchen die heiße Lippen, was sich ihnen miteins bieten und knutschen wie doll und dammlich allens, was aus jen' Fensterchen all halb schon raushängt, halb noch muß rausjewuchtet werden . . .

Schon flistert es in Bollermanns Ohr: „Du jeliebter Limmel, biste denn aus Preßburg?!"

„Nei, bloß aus Schidlitz, aber wieso fragste?"

„Weil de mich so de Rippen pressen tust, daß ich kaum atmen kann!"

„Tut mir schrecklich leid, von jetzt an mach ich ganz sachte."

„Untersteh' dir! Wie'n wild jewordnes Walroß sollste dricken!"

Fast im gleichen Momang muß der verwunderte Welutzke sich Stoßseifzer anheeren wie die: „Du wilder Deiwel, zu was haste dir bis jetzt bloß immer so verstellt?! Kannst ja auf einmal d o c h kissen, kissen wie kein andrer, du Schlemihl! Zieh mir man ganz raus hier! So, nu erst noch drei so dolle Brummer wie eben, und dänn nuscht als rauf zu meine Eltern, und Verlobung kann meinswejen noch heit' Nacht jefeiert werden!"

„Hach, hach! Sag' mal, Meeensch, du bist ja aber doch . . . Is das vleicht 'ne Ieberraschung, eiweh!"

Natierlich dauert das nich mehr lang, bis die zwei beid' Liebespaare sich immer noch ganz unten zwischen die Dächers jejenieberstehen, immer noch im Dustern, aber doch durch Tuchfiehlung und Augenschein und Wort deitlich zu unterscheiden. Erst is es da Bollermann, der de Faust jejen dem Freind hoch in de Nachtluft reckt. Aber im Nu holt seine neie Marjell se wieder runter ... Denn gnurrt Welutzke wie'n Leewe im Kindesalter, und Olga legt ihm de Hand auf's Mundwerk ... Miteins jeschieht was ganz Unerwartetes: Oll Karehnke und Vater Koslowski halten von dem vereinsamten Dachgarten aus gleich zwei, drei Lampjongs in de Tiefe der Verwirrung, beleichten die neie familjenpolitische Lage und verlangen Aufstieg der Beteiligten und Erklärung.

Zuerst meinen nu auch die Elternpaare, daß in die aas'je Diesternis der Dächer aus Versehen 'ne doppelte Verwechslung is anjerichtet jeworden. Aber als dänn doch Bollermann Welutzkes Frieda und wie 'n jeölter Blitz auch gleich Welutzke Bollermann Olga anjesichts der versteerten Familien, der erbarmungslosen Lampjongs und der flimmernden Sterne anfangs noch halb verschämt, dänn aber immer doller und voller kissen und dricken tut, da werden nu ja erst die Mütter anfangen zu schluchzen, dänn fragt Vater Karehnke feierlich in die Friehsommernacht: „Soll das nu fier alle Zukunft so und nich anders seine Ordnung haben?" Die ieberdeitliche Antwort besteht darin, daß die Vier sich abermals nach die neie Verbindungsfolje umärmeln. Is ehmd nuscht nich mehr dajejen zu machen. Also werden de Gläser wieder jefillt, und alle stoßen mit alle iebrigen an, teils voller Begeisterung, teils voller Riehrung, daß de Tränen bei de Weiblichkeit man so kullern.

Nur eine einzje unglickliche Person kann und kann dem Wandel der Dinge nich kapieren: Omchen Koslowski. Während se mit flatternde Finger auffem Tisch, iebre Stuhllehn' und längs dem Jeländer immer noch nach jen' längst abjestirzten Heerrohr fummeln tut, bälkt se zwischenein: „Will unsre Frieda dem Welutzke nich mehr haben? Ei, aber wennher kennt se denn jen' Bollermann all so jenau, daß die sich dricken tun wie'n junges Ehepaar? Da stimmt doch was nich! Nu sagt doch was! Jebt mich mein Dingsda her! Hat vleicht am End' einer gerad heit' mir 's Heerrohr mit Absicht verstochen? Da soll doch man gleich ... !"

Weil die wild jewordne Oma ihre Augen ieberall und nirjends hat, is sie auch die einzige, die in der Tiefe eine jeheimnisvolle Erscheinung wahrnimmt. Schon kreischt se los: „Vorsicht! Da is ‘n Jeist! Seht doch bloß jen‘ Jespenst! Is ‘ne Hex! Knippel her! Haut se ‘n Lampjong auffem Kopp! Kippt de Bowlenterrin‘ runter! Dreht de Blumenbraus‘ an, daß se sich verschrecken tut, das Aas!“

„Laßt mich man machen!“ sagt ganz geruhsam Vater Karehnke, grabbelt sich mit jeiebtem Jriff einem von jene Bambusstöckers auße Eck‘, womit seine Frau sonst de Wäscheleinen abstitzen tut, angelt damit vorsichtig nach die schwankende helle Jestalt in de Tiefe und sagt: „Komm man, Jeistchen! Halt‘ dir scheen fest und hab‘ auch bloß keine Angst nich!“

Alle starren jetzt hinunter und sehen zu, wie das Wesen sich nach jenem Stock hinbewegt und ihm auch glicklich zu fassen bekemmt.

„Nu stitz‘ dir scheen, mein Pisian, und krabbel hoch!“ befiehlt Karehnke. Kurze Zeit darauf kommt sein Sohn Kurtchen auf dem Dachgarten geklettert. Kurtchen is im langen Kindernachthemdchen, wie sich‘s jeheert fier seine ganze sieben Jahrchens. Kurtchen schwankt oben erst ‘n bißchen, denn aber jeht er forsch an jen‘ Tisch ran, legt zum Erstaunen aller das abjestirzte Horchrohr von Omchen Koslowski neben die Bowlenterrin‘ und sagt: „Da!“

Kurtchen is aber nich aufjelegt, all die vielen Fragen zu beantworten, die ihm von zwei Familien nebst Anhang, vor allem aber von das ganz außem Häuschen geratene Omchen jestellt werden. Daderwejen flichtet er sich lieber zwischen Karehnkes väterliche Knie, angelt sich seine große Schwester Olga ran und flistert ihr im Ohr rein: „Jib mich doch noch paar von die scheene Erdbeerchen mittem Schuß, heerst?“

Er hat aber woll zu laut jeflistert, denn seine Mutter kiekt ihm ganz erstaunt an und fragt: „Jungchen, was heißt hier Erdbeeren mit Schuß, he? Und nu jesteh‘ man gleich: Da biste doch heit‘ all mehrmals beijewesen, nich?“

„Ja, Muttchen, ja. Seit Mittag all. Gleich nach Papachen und Onkel Koslowskichen. Aber immer bloß so'n bißchen und denn lang' wieder ieberhaupt nich. Weil mich immer so'n bißchen krieslich im Kopp wurd'. War aber auch ganz scheen, so wie auffem Karussel, weißde? Kurz nach dem Ahmdbrot hab' ich's letzte Mal probiert. Danach bin ich einjepennt. Aber ihr seid so schrecklich laut jeworden, und ich wolld' noch was von die Erdbeerchen holen; da waren se aber weg. In de Rinn' lag das schuckerne Rohr, jene Tut' von die alte Tante Koslowski. War da rinjeschorrt. Da dachd' ich: Dem bring' man rauf, denn werden se dir auch Erdbeerchen jeben! — Und da bin ich nu."

„Ja, da biste nu, Sohnchen, und stehst und frierst jewiß. Jetzt aber nuscht als in de Heia! Olga, bring' ihm runter und pummel ihm gut ein. Ich komm nachsehen!"

Kurtchen aber klemmt sich zwischen Vaters Knien fest und fragt empört: „Ei, und vier's Horchrohr krieg' ich nuscht? Hätt' 's ja auch könnt verstecken oder auffe Straß' runterfeiern, nich? — Vaterchen, heerst nich: Ich soll all wieder in de Posen?! Ich jeh' ja auch gleich, aber laß mir doch bloß noch paar von die Erdbeerchen mittem Schuß lubbern, Vaterchen, ja? Ihr habt ja auch da in die große Terrin' und in die viele Gläsers, nich?"

Vater Karehnke nickt Gewährung, und Bollermann, der danebensteht, freit sich: „Der kleene Gnussel red't wie'n Alter! Jaja, frieh krimmt sich, was 'n Meister werden will!"

„Jen' Sprichwort heißt aber ganz anders", ruft Welutzke.

„Weiß ich auch. Aber mußde dir nich dein Leben lang immer nach jedem Glas runterbicken? — Siehste, daderwejen haben auch alle älterhaftigen Leite, was ehmd im Schlucken Meister sind, so 'n bißchen jekrimmten Rücken. Also: frieh krimmt sich . . ."

Oma Koslowski, die eijentlich kaum was heeren kann, aber immer allens wissen will — diese Weisheit Bollermanns hat se warraftig mitjekriegt. Und is begeistert. Und kloppt ihm mit's Heerrohr hinten drauf und kreischt: „Frieh krimmt sich, was 'n Meister werden will! — Großartig! Prost, Bollermann, prost!"

Bollermann trinkt, dänn schubbert er sich hinten, wo ihm de Olle mit's Rohr bereestert hat, und raunt seinem Freind Welutzke zu: „Du, meinem Onkel August seine Schwester Milchen, die wohnd' in de Neinaugengass' und die hat sich auch immer ieber jeden Schiet rein schucker jelacht. Se is dabei steinalt jeworden und jenau an ihrem neinundneinzigsten Jeburtstag, vor all die viele feierliche Gratulanten, da hat die sich einfach wegjelacht!"

„Wohin denn?"

„Mann, daßde dußlig bist, wußd' ich all lang', aber daßde soo dußlich bist, is fast 'n natzjonales Unglick!"

„Macht aber nuscht, nich?"

„Nei, weil Dummheit nich strafbar is und auch nicht wehtut!"

„Was habt ihr beid' all wieder fier Jeheimnisse?" fragt Frieda miteins mang, und von de andre Seite will Olga wissen, was es Neies jibt. „Ih", sagt Welutzke da, „nuscht Neies nich. Bloß wenn wir zwei olle Freinde uns besonders gut verstehen, denn zanken wir uns zur Abwechslung."

„Ach nee! Und worieber habt ihr eich eben wieder jezankt?"

„Das jeht eijentlich all seit Stunden so, Olgachen, du mein trautstes Zruchelchen und ihm sein frieheres Schleiserchen: Jen' treier und dwatscher Bollermann hat jesagt, es wird heit' bestimmt noch rejnen, weil er 'nem Eierkopp begejnet is. Aber nu is all längst Nacht, und es rejnet noch immer nich. De Sterne gliehn, de Herzen spriehn, de Gläser funkeln, de Leite schunkeln — bloß rejnen, rejnen tut das nich. Er hat ehmd verloren!"

„Was nich is, das kann ja noch werden", entgegnet Frieda und krault ihrem neien Sießen unterm Kinn: „Komm, laß uns wieder bißchen 's Tanzbein schwingen, wenn's auch eng is!"

Das war eijentlich das Signal fier den weiteren frehlichen Festverlauf, nachdem alle Sterungen — die mit's abgestirzte Tuterohr und die mit jen' beschickerten Kurtchen — beseitigt jeworden waren. Wie nu aber das Festängchen auf die nächtliche Biehne so richtig auffe Höhe is jekommen, da erfolgt miteins 'n neier Auftritt, wie ihn sich der beste Regisseur nich hätt' scheener ausdenken können. Und diesmal is es nich Oma Koslowski, was ihm zuerst bemerkt, nei, das muß ausjerechnet Welutzke im Momang heechster Verliebtheit sein. Denn indem der während einer kleinen Tanzpause seine neie Braut Olga wird bißchen das Pochen puscheien, wobei er jenießerisch zum Sternenhimmel raufschielt, da sieht er doch unterhalb von die scheene Flimmerdingerchen, aber hoch ieber seinem jeliebten Ruscheldubschen, was er jerade streichelt..., da sieht er doch... mitten auf dem Dachfirst... sieht er doch... dem Deiwel heechst perseenlich... sieht er ihm — schwarz in schwarz und unnachsichtlich — lautlos und wie tanzend näherkommen mit verhängnisvoller Sicherheit und unentrinnbar. Satan wedelt zwar nich mit dem Schwanze und trägt statt der Hörner 'n Zachlinder, aber greulich schwingt er durch die Luft 'ne Keule...

Welutzke is sprachlos. Welutzke läßt seine Liebste los, und 'n eiskalter Schudder leift ihm iebers Kreiz. Miteins jibt's da 'n kleinen Knall, und schon schurrt der Deiwel schräg ieber die Holländer Dachpfannen mit Zachlinder und Machandelpulle, was er nu zwischen de Beine jeklemmt hat, zwischen die Feierbohnen und Oleanderbeime hindurch mitten mang die Dachgartenfestivität der Karehnkes und Koslowskis... Welutzke wundert sich, daß kein Aas sich weiter drieber wundern tut, außer Freind Bollermann, was gerade mit Frieda was zu regeln hätt', was bei jene Figurenumstellung bei den beiden jungen Paaren diese Nacht nich weiter verwunderlich is, aber auch Bollermann schlackert nich weiter mitte Ohren, als seine neie Braut ihm was flistert. Inzwischen wird der Deiwel von alle Festteilnehmer schluckzessive freindlich begrießt, indem daß der gar kein Höllenfürst nich is und nuscht weiter darstellen tut als Karehnkes Untermieter und Schornsteinfegergeselle Fritz Pischkupeit, was aus Masuren stammt, aber all längst an de Mottlau und an Danzigs Dächer jewehnt is. Und was auch de Sitten und Breiche kennt und weiß, daß einer nie nich ohne zimftijes Mitbringsel in 'n Festäng fallen darf. Daderwejen hält er denn nu auch jene Macheikebuddel hoch iebern Kopp und belkt, während er auf de Balustrad' springt, was dem Dachgarten einrahmen tut, im scheensten Danz'jer Deitsch: „Goldig is der Bickling, fettig is der Aal, schielen tut de Flinger, und wir kluckern noch einmal!" Indem daß er nu de Buddel wie 'n Hauptjewinn bei 'ne Jänseverwirflung iebern Glumsert schwingt, verrutscht ihm miteins der Zachlinder, schorrt runter und — Ticke des Jeschicks! — jenau auffem Koppchen von Oma Koslowski. Weil aber inzwischen all mehrere Lampjongs ausjegangen und die Anwesenden zur Begrießung Pischkupeits aufjestanden sind, den se erst mal mit Erdbeerbowle begrießen, hat natierlich kein Aas mehr Zeit fier ihm seinen desertierten Wichstopp, und so entjeht allen die warraftig tragische Szene am Rande von's Ganze: Weil Oma Koslowskis Koppchen mit Dutt immer noch viel kleiner is als jen' Pischkupeit seiner, sind Omchens Kopp und Hals miteins in die dunkle Angstrehre verschwunden. Keiner heert ihre Hilferufe auße Tiefe, kein Aas bemerkt, wie das unglickliche Altchen mit beide Händ' anne Kremp' von dem Deiwelszachlinder ajiert, wobei sich ihr kreetsches Heerrohr all wieder in de Nacht verlieren tut, keiner kiekt nach die arme Großmama, keiner kemmt se zu Hilfe...

Was wird Oma Koslowski nu in ihre Not anstellen? Se grabbelt ganz einfach immer um sich rum... Weil aber ja alle jen' Pischkupeit feiern und nu auch noch Karehnke

wieder de Quetschkommod' bedient, daß weiter jetanzt kann werden, kriegt de Oma kein Menschenjebein nich zu fassen. Aber miteins, wenn auch immer noch mit jene Angstrehr' iebre Augen und allmählich auch mit Boß im Balg, fummeln ihre Finger aus de Eck' vom Dachgarten was Besondres ran: Ein Stick Gummirohr mit was Eisernem am End'. Das Dubbas kennt Oma Koslowski, dadran hat se all oft jedreht, das is de Rettung!
Während Karehnke weiter de Quetschduddel quält, manche tanzen, andre wenigstens die neie Berliner Melodie mit-

singen: „Untern Linden, untern Linden jehn spaziern die Mägdelein ...“ — da läßt Omchen es aus die große Braus‘, was se jeschnappt hat, rejnen ieber Jerechte und Unjerechte ...

Alles kreischt los. Bollermann faßt sich als erster und belkt Welutzke an: „Na, oller Dussel, was hab‘ ich jeprofezeit, hä? Eierkopp jibt Rejen, und das stimmt immer!“

Welutzke, der erst glaubt, daß sein Freind ihm und seine Braut aus Boß will naßquiddern, schreit zurück: „Dreh‘ de Spritz‘ ab, du Tullas, oder kannst was beleben!“

Erst Vater Koslowski, der mit die dicke Sülznees‘, der all die viele Stunden lang nich Muff, nich Pelzkragen jesagt und sonst bloß jegessen, jetrunken und an seine lange Tobbakspfeif‘ jesogen hätt‘, reißt nu ‘s Jesetz des Handelns an sich, dreht jen‘ Wasserstrahl ab und befreit seine Mutter von jen‘ Quälgeist von Schornsteinfejerkoppbekleidung.

Das Altchen holt erst ‘n ganz tiefen Seifzer so richtig aus de Kniekehl‘ hoch, denn aber belkt se nich los, se haut auch nich um sich — nei, Oma Koslowski gneddert erst bloß ‘n bißchen, dänn fängt se an zu lachen und lacht immer und immerzu ... Miteins steht se aus ihrem knasternden Sorjenstuhl auf, kippt sich ‘n ganzes Glas Erdbowlenrest — ‘s Dickste vom Dicken — hinters Umschlagtuch und fängt miteins an, ‘ne Red‘ loszulassen. Als paar von die anjeschickerte junge Leite nich im selben Momang ihre Klapp‘ halten, holt de olle Koslowskesche doch warraftig mittem Bowlenlöffel aus und kloppt ihm erst Welutzke, dänn auch noch de Frieda, was gerad‘ bei ihm bei steht, auffem Brejen, daß ‘s man so brummt. Und denn legt se los: „Väehrte Anwesende! Wo nu all wieder mein schuckernes Heerrohr is in de Ritz jeschorrt und ich weiter nuscht nich heeren kann als die Bumsers vonne Musik, da will ich mir de Freid‘ am Leben trotzdem nich nehmen lassen. Ich will ehmd nu erst recht mitte Jugend lustig sein und einem scherbeln wie Anno siebzig, einensiebzig. — Sie, Herr Kiloweit oder Kackuweit,

Sie hahm mir mit Ihrem Besuch iebre Dachpfannen ohne Lein' und Kugel und denn mit Ihrem Zachlinder ieber mein' ollen Glumskopp soviel Freid' jemacht und mir warraftig verjingt. Daderwejen missen Se nu auch noch'n Walzer mit mich ganz allein auffe Bretter lejen — los! Karehnke, ran an de Quetschkommod'! Diese Sternennacht mit Lampjongs und kinstlichem Rejen, die wollen wir nie nich verjessen. Herr Zachlindereit, kemmen Se man in meine Arme, und denn: Immer auf ihm!"

Als das ungleiche Paar unter Karehnkes hingebungsvollem Gedudel und dem Jubel aller Dachgartenfestängteilnehmer dem Tanz zu End' jefiehrt hätt' und sich setzen tat, da fragd' Welutzke seinem Freind Bollermann: „Was sagste? Haste ieberhaupt noch Teene?!"

Bollermann schluckd', ob an Machandel oder was andres, und wußd' nich was zu sagen. In diesem feierlichen Momang aber hat nur e i n e r noch de richtigen Teene parat, und das is, wie all seit Anno 1634, der Glockenturm von Sankathrinen, — Teene, was kein jeborner und jelernter Danzjer Bowke und kein noch so sießes Schleiserchen und Pomuchelsköppchen je verjessen kann bis ans Ende seiner Tage ...

Die zwei beid' Liebespaare hätten sich in diese Glorianacht endjiltig zusammenjefunden, man bloß 'ne zimftje Doppelverlobung konnd' noch nich iebre Biehne jehen, indem daß doch de Hälft' von de Eltern nich anwesend waren: Die von Bollermann und Welutzke. Se fand denn je bald danach statt, und in de Ehe stirzden sich die vier junge Danzjer Pomuchelsköpp' mit mehr Wuppdich als unbedingt neetig wär' jewesen. Aber am End' springt einer besser mit Schawung in de Unjewißheit, als daß er sich erst schluckzessive de Fieß, de Knie und dem Bauch einplängern tut wie in de Brandung. — Aber damit wären wir ja all bei's Kapitel von de Danzjer Badefreiden und eins mit's andre, na nich?

Frau Treder fährt zum Schlachthof

„Peter, schneller!"
Frau Treder fährt mit dem Gesellen in aller Morgenfrühe zum Schlachthof am Englischen Damm. Bölke lenkt die beiden Füchse, die ihren guten Trab gehen. Jedes andere Fleischerfuhrwerk haben sie unbedingt zu überholen, denn so will es die Meisterin, obwohl es ihr nicht wenig Unbehagen bereitet, auf dem federnden Bock herumgeworfen und durchgeschüttelt zu werden. Schon seit langem hat sie Herzbeklemmungen dabei, und der Atem wird ihr knapp. Aber sie will es so. Diese Jagd ist eins ihrer kleinen Steckenpferdchen. Vor ihr hat kein anderer zu sein. Bölke weiß das und gibt sich Mühe, aber an ihm liegt es nicht, daß die Tiere nicht mehr ganz so können, wie sie sollen.
Schon am Kuhtor droht der Polizist mit dem Finger, aber Bölke darf nicht langsamer fahren. Die Alte ruft: „Nun erst recht schnell, Peter! Aber guck' dich erst bißchen um, ob er uns womeejlich aufschreibt!"
„Er hat nich. Bloß nochmal jedroht hat er", berichtet der Geselle.
„So, der kriegt nich mehr dem kleinsten Zippel Wurst umsonst, wenn er sich wieder bei uns blicken läßt, der Leidack! — Wenn ich diese Faulenzer schon dastehen seh' mit ihrem Kochtopp auffem Deez und mit die dwatsche weiße Handschuh' iebre Finger. Wie so'n Baron steht das da mittenmang!"

„Vorschrift, Frau Meister!"
„Vorschrift, Vorschrift ieberall! Sollen se abändern und die Kerle was Verninft'jes lernen lassen, 'n anständjes Handwerk oder so. Aber dazu sind die zu dammlich. Unsereins rackert sich ab von frieh bis inne Nacht, und sowas kemmt einem immer in de Quere. Zu was ieberhaupt Pullezei? — Schneller, Peter, schneller!"

„Jeht doch jetzt nich: de Speicherbahn rangiert doch gerad'!"
„Ob jene großbramsige Börsenbäuche ihre Waggons drei Minutchen frieher oder später vore Speichertieren jeschoben kriejen, is doch schnurz und ejal. Aber wir kleinen Leite werden ehmd immer und ieberall abjehängt!"

„Frau Meister jeheert aber doch zu de reichen Leite!"

„Was, ich arme alte Schachtel? Kiek dich doch die Koddern an, was ich auffem Leib haben tu'! Was bringt mein Laden denn schon ein und jen' Stand in de Marchthall'? De Steier frißt ja de Hälft' von weg!"

„Aber das Haus und de scheene Wohnung, is das nuscht nich?"

„Soll ich vleicht inne Hundebud' wohnen, Peter?"

„Natierlich nich. Aber Frau Meister jeheeren doch noch mehr Heiser!"

„Was is das schon! Das in de Neinaugengass' ist wenig wert. Keine Jejend, hat mich neilich mal jen' Makler verklart, als ich die Bud' verscheiern wolld'. Die zwei beid' auf Karpfenseijen sind auch alt. Stammen noch aus die Zeit, wo se wo anders hahm dem Dreißigjährijen Krieg jemacht. Und mein Haus am Hansaplatz bringt bloß immer Ärjer mit die Mieters. Dem Kasten hab' ich nehmen missen fier ausjeliehenes Jeld, was so'n Schorfkreet von Spekulant mich nich konnd' zrickzahlen. Meensch, was unsereinem die verfluchtje Ajenten, Makler und was weiß ich noch fier Gurjelabbeißers doch allens aufschlabbern! Mit 'ner alleinstehenden alten Frau machen die Unnosels alles!"

„Na, Frau Meistern betriejen, das kriegt doch woll keiner nich fertig!"
„Mächt' ich auch keinem nich jeraten hahm! Wo jene Galjenveejel hinziehen, da komm' ich all her!"
„Sind doch allerhand Werte, die Heiser und 's Jeschäft und der scheene Stand in de Marchthall'!"
„Soll am End' all meine Schufterei nuscht nich einbringen? Hab' ja schließlich auch noch fier mein Kind zu sorjen!"
„Ach ja: Freilein Hildchen!"
„Peter, schneller! Kiek, de alte Balgasche will uns ehmd ieberholen!"
„Jeht nich. Hier ummen Milchkannenturm rum missen wir noch langsam fahren."
„Wie 'n anjesengter Deiwel prescht du da rum! Die zerknautschte olle Schachtel kemmt mir nich vorbei!"
„Aber, Frau Meister, gleich hinter de Brick' steht doch 'n Pullezist!"
„Denn fährst ihm aus Versehn bißchen in de Flanke oder so!"
„Das wird' mir vleicht sogar Jefängnis kosten. Das dirf ich nich."
„Peter, du hast bloß nich jenuch Murr inne Knochen!"
„Na, wer wie ich zweieinhalb Zentnerchens aufasten kann!"
„Schlabber nich, fahr', du Stickchen Mallöhr!"
Peter braust um den Turm und über die Milchkannenbrücke wie's Donnerwetter und hält auf Langgarten zu...
„Peter, hast jesehen, wie jen' Schien is zurickjesprungen?"
„Tjawoll, aber dafier kritzelt er auch all was in sein Buch!"
„Wird eben bezahlt und erledigt. — Wo is de Balgasche?"
„Der Polyp hat jewunken wie doll. Se mußd' halten, und nu kliert er ihr auch noch in sein dickes Kontobuch, was er untre Unneformjack' hat zwischen zwei Knepp' jeschoben jehabt. Und die Olle schlabbert mit Händ' und mit Fieß' und tut sich aufrebbeln. Nutzt aber nuscht!"

„Das jönn' ich der. Was fällt ihr auch ein, Anna Treder zu ieberholen! Was das Pläster sich bloß einbilden tut!"

„Ich bin nich schadenfroh, aber das freit mir aasig!"

„Ja, Peter, nie nich unterkriejen lassen von de Konkurrenz!"

„Tu ich schon nich. — Und nu hahm wir freie Fahrt fiers erste."

„Ja, bis zum Langgarter Tor. Ich mächt' bloß mal wissen, zu was es in unser Danzich so viele Tore, Tirme und Bricken jibt, was einem alle immer ärjern, wenn einer vorwärtskommen will! Ich wird' die Biester alle abbrechen, wenn ich man könnt'!"

„Es heißt doch ieberall, darin jerad' besteht de Scheenheit von unsre beriehmte Hansestadt!"

„Eh, das wär' je denn so, als mecht' einer alle olle Krippels und Knackstiebels scheen finden, so 'n Stick wie mir vorneweg!"

„Frau Meister is doch aber noch sehr jesund und ristig!"

„Beschmus' mir man nich! — Nei, uns alte Knackers und Kackers jeht's wie de Petri- und Katharinenkirch' und nu auch noch die dicke Marie: Immerzu missen se Eisen und Zement zwischenjepackt kriejen, damit daß se nich umfallen. Bei unsereins machen de Dokters das mit jene kreetsche Spritzen und Tabellchen, mit Troppchens und Pulver. Sogar Kapseln hahmse fier hintenrum und ... ‚Du hast nuscht jeheert, Peter, verstanden?!'"

„Nich ganz. Aber zu was so'ne Zislawängchen schlucken, wenn se nich rutschen wollen? Wär' ne' Badereis' nich besser und bequemer?"

„Nach Breesen vleicht, Steegen oder Schiewenhorst?"

„Nee, aber nach Oberbayern, Tirol oder in die Schweiz."

„Soll ich mir denn mit meinem Wackelbauch auf de Berje quälen, Ziejenkäs' knautschen, Milch lubbern und jodeln?"

„De Bäder und Sanatorjen liejen doch ganz bequem im Tal."

„So? Und woher nehm' ich das Sindenjeld, was das kosten tut?"
„Lieber vorher blechen, als nachher im Krankenhaus liejen jehen!"
„Und wer kimmert sich um mein Jeschäft und um dem Stand?"
„Wir sind doch Leite jenug, am Sonnabend sogar auch Freilein Hilde!"
Die Alte blickt ihn bei der Erwähnung ihrer Tochter von der Seite an, doch als er gleichmütig geradeausblickt, entgegnet sie: „Aber Verlaß ist heechstens auf dich, denn du stehst zu mir. — Äh, 'ne Badewann' hab' ich hier auch. Nee, ich bleib' all im Jeschirr. Nu fahr' man wieder bißchen schneller, Peter! Wir hahm uns jenuch erzählt."
Peter legt zu, aber nicht für lange, denn vor dem Schlachthof steht heute ein Polizist, weil ein Stückchen weiter die Feuerwehr hält. Er dirigiert den Verkehr teils auf den Schlachthof, teils den Englischen Damm hinunter. Aber das Volk der rotweißgestreiften Kittelmänner auf ihren Fleischerwagen beachtet sein Armwinken kaum. Ein alter Meister, den er einen Augenblick zurückhalten will, fährt dennoch weiter und ruft vom Bock: „Emil, laß man die Fuchtelei. Erzähl' mir lieber, wo du damals die dicke Blutwurscht hast hinjebracht, als du mich damals auße Lehre liefst!" Da lachen sie alle, und der Schutzmann lacht mit.
Als Frau Treder vom Wagen geklettert ist, muß sie sich einen Augenblick am Kasten festhalten. Scheinbar ganz beiläufig kratzt sie ein bißchen am Rand und sagt: „Eijentlich mißd' unsre Kalesch' all wieder mal ieberlackiert werden, nich?"
Der getreue Bölke nickt nur. Er hat sehr wohl beobachtet, wie seine Meisterin schwankte, und er hielt sich bereit, sie notfalls aufzufangen. Doch das scheint nicht mehr nötig zu sein.
„Was stehste eijentlich da wie Preppke? Biste bestellt und

nich abjeholt? Rin mit uns, Peter, wir kommen sonst noch zu spät!"
Ist das ein Getriebe und Geschiebe, ein Schreien und Schelten, ein Bieten und Feilschen um all die vielen Fleischsorten! Im Grunde ist es nicht anders als jeden Tag seit Jahren und Jahrzehnten, aber Frau Treder kommt es heute irgendwie fremd und anders vor: verworren, verwirrend und äußerst anstrengend. Einige Male muß der Geselle sie darauf aufmerksam machen, daß man jetzt zugreifen müsse. Jedesmal fährt sie wie aus geheimen Träumen auf, aber jedesmal faßt sie sich auch wieder, und der Wagen füllt sich allmählich mit allem, was das Geschäft braucht. Es fehlen nur noch Kleinigkeiten. — „Die Sorjen, die ewijen Sorgen!" sagt Frau Treder. „Anstatt aufzupassen, denkt man an Papierkram, Steiern und so!"
Nach etwa anderthalb Stunden ist alles beisammen, und Bölke hat es auf dem Wagen verstaut. Nur Frau Treder fehlt. Als er sich suchend überall umsieht, lehnt sie an der Mauer. Ihr Gesicht ist verfallen. Sie gewahrt aber sofort den hastig Herankommenden. „Peter", bittet sie, „jib mir

bißchen den Arm und geh' mit mir! Ich hab' vleicht zu hastig jefriehstickt."
„Wohin?" fragt [illegible] Getreue. „Na, wohin denn schon, wenn nich in den Bullentempel", antwortet die Meisterin. Bölke sieht es ihr an, daß sie nur darum in diese Gaststätte strebt, um sich endlich etwas setzen zu können. Schwer läßt sie sich drinnen auf den ersten besten Stuhl fallen und stützt sich auf den gescheuerten Tisch. „Zwei große Machandel!" bestellt sie dann. Als sie gebracht worden sind, riecht sie an ihrem Glas und schüttelt sich: „Trink' du man das auch gleich aus, Peter!"
„Auf Ihr Wohl denn, Frau Meister!"
Sie nickt nur. Nach einer Weile richtet sie sich auf: „Peter, mir war gar nicht gut. — Du sprichst zu keinem Menschen darieber, heerst?"
„I, wo werd' ich denn!"
Nach wieder einer Weile erwacht sie aus ihrem Sinnen: „Peter, es kännt' ja sein, daß ich mal ganz plätzlich sterben tu'..."
„Is doch ganz ausjeschlossen!"
„Still, dummer Kerl! — Peter, wenn das aber doch mal so kommt, dänn..."
„Ja, Frau Meister?"
„Peter, versprich mir, daß du denn nich allens im Stich lassen wirst und davonleifst! Und daßde meiner Tochter helfen tust!"
„Is doch ganz selbstverständlich. Ich versprech's."
„Peter, jib mir de Hand!" — Er tut es, und die Augen werden ihm feucht.
„Peter, ich möcht', daß du recht bald deinen Meister machst!"
„Dazu jeheert nich viel. Bisher hab' ich's ja nur unterlassen, weil ich sonst mehr kosten tu'."
„Quatsch! Das trag' ich auch schon noch. So jeizig bin ich nich."
„Wenn's also sein soll?"

„Is mein Wunsch. Mach dein' Meister! Was weiter wird, weiß am End' doch bloß der da oben. — So, nu ist es aber heechste Zeit! Du mußt wieder im Laden, ich in de Marchthall'."

„Sollten wir nicht lieber erst noch zu 'nem Arzt ... ?"

„Bei'm nächsten Mal vielleicht. Nu leift mein Maschinchen da in de Brust schon wieder. — Rin in de Sielen!"

„Frau Meister mißd' sich doch bißchen schonen! Zuwas sich immer so abrackern?!"

„Das verstehste ehmd nich. Denkst am End', ich wär' so jibbrich auf die Eierchen, was ich verdienen tu', und allens Iebrije wär' mich piepe. Is ganz anders: Peter, ich brauch' dies Leben jenauso, wie es is: Morjens all 's Einkaufen mit Pfiff, daß einem keiner nich beschubsen tut und man auch noch bißchen runterhandelt. Und denn dem Tag ieber 's Verkaufen. Ach, is das scheen! Is doch ganz was anders, als bloß de Ware rieberreichen und kassieren. Kiekst dich doch erst mal dem Kunden an. Denn weißt all, ob der bloß Hunger hat und ihm egal is, was ihm einpackst, oder ob der Kenner is, gleich, ob Frau oder Mann. De Männers verstehen oft aasig viel von's Essen und von die guten Happenpappen, manche Madam aber auch. Und solche Leite, die kriejen von mir immer 's beste Eisbeinchen und de scheenste Hammelkeile untre West jejubelt, daß denen und sogar mich selber noch 's Wasser im Mund zesammenlaufen tut. Aber die dammlije Nerjler und Besserwisser, was an allem was aussetzen und womeejlich auch noch de Ware begrabbeln wollen, die kriejen heechstens harte Leber, 's Fleisch mit de meisten Knochens drin, was se erst zu Haus' merken, und die ihr Eisbein schlackert von Fett, wenn se magres mächten. Aber wer mich mit Liebe und Jiete kemmt — so'n Mutterchen vom Tobiashospital oder so'n muggrijes Mannchen, was von de Rent' nich kann leben und nich sterben, — die jeb' ich zu denen ihr Suppenfleisch noch 'ne Wucht krause Knochens extra und allens bißchen bill'jer. Das hol' ich denn bei die feine Pinkels und Zrohrs und bei denen ihre Madams mitte gold'ne Stengelbrill' wieder rein. Nich, daß ich die beßraucheln wird', nei, aber se kriejen kein Grammchen zuviel, keins zuwenig, allens rell, aber ohne ieberschiss'je Liebe. Liebe im Jeschäft is sowieso Schiet, aber wenn se doch da is, is se doppelt scheen, kann ich dir sagen. Kundinnen hab' ich, auch Kunden, die meejen mir ebenso jern wie ich ihnen. Sowas merkt einer doch. Na, und das jeheert zu's Allerscheenste im Laden wie im Leben. Nich 's Jeld in de Fupp is de Hauptsach, nei, aber 'n gutes Wort, 'n Händedruck, was von Herzen kommt, und 'n offner Blick voll Menschlichkeit — sowas is wie Samt auffe Brust, sowas kann einem 'n ganzen Tag vergolden ... Aber was schlabber ich dwatsche olle Kräh' heit' frieh man bloß?!"

Peter Bölke sagt nichts, aber er hat sonderbar blanke Augen.

Erst als sie den Englischen Damm hinauf und fast bis zur Barbaragasse gekommen sind, stößt Frau Treder ihn in die Seite: „Schlaf' nich ein, Peter! Fahr' schneller!"

So rattern sie wieder dahin wie stets, und niemand kann sie überholen. Es unternimmt auch niemand, denn diesmal sind sie wohl die letzten, die vom Schlachthof heimwärtsfahren. Die Meisterin ärgert sich auch nicht mehr über die Schutzleute, den Milchkannenturm und das Grüne Tor; sie ist mit all ihren Gedanken schon in der Markthalle, bei der Kundschaft, die sie da erwarten wird, und beim Handel, der ihr das Leben bedeutet.

Ein Paulchen und zwei Schiens

Es ist Freitagabend und auf der Danziger Speicherinsel. Aber in der hintersten Ecke, da, wo selbst gelernte Danziger Pomuchelsköpp' in ihrem ganzen Leben nur zwei- oder dreimal höchstens hingeraten sind, sofern sie nicht etwa von Berufs wegen — also, sagen wir mal, als Schauerleute, Eisenbahnrangierpferdeführer, Speicherarbeiter, Sackträger, Zollbeamte, Gewürzkapitäne, Expedienten, Wächter, Feuerwehrmänner, Angler, Kunstmaler und Dichter — gerade hier zu verweilen für ihre Pflicht oder gar eine besondere Güte des Geschicks hielten. Hier, das ist, um es ganz genau einzugrenzen, die Gegend um die Turm- und Leitergasse und jene später weggebaggerte Spitze unserer Speicherinsel, die einst der städtische „Asch- und Teerhof" gewesen war und von der aus man einen der schönsten Blicke über die Mottlau hatte.

An diesem denkwürdigen Abend eines Zahltags also schieben sich die beiden Unzertrennlichen aus der schwarzen Bohlentür eines alten Speichers ins Freie. Nach ein paar gewohnheitsmäßigen Schlingerschritten haut sich Bollermann übermütig auf die Hosentasche, wo die gut gefüllte Lohntüte steckt, und feixt seinen Freund an: „Na, du oller Leidack, ich denk', nu machen wir zwei beid' erst mal fuffzehn mit die viele Schauchen und eins mit's andre. Jetzt jeht's mit Koppsprung rin im Vergniejen!"

„Falls de dir vleicht in de Mottlau stirzen willst, mach' ich

nich mit, weil ich all so Sticker drei-, viermal jejen meinen Willen bin rinjeschorrt oder rinjeschubst jeworden. Wenn de dir bloß besaufen willst, mach' ich mit, aber bloß bis an de Ladelinie, nich bis zum Voll- und Ieberlaufen, heerst?"
„Fehlt ja bloß noch, daßde auch noch von de Fresserei anfängst, so von wejen Klops, Kabenade, Biefstick, Neinaugen, Stremellachs, Steer und Astrachaner Kaviar!"
„Als wenn es nuscht anders nich mächt' jeben auffe Welt als das dwatsche Essen und Trinken!"
„Wenn de erst so zu schlabbern anfängst und einem willst im Jewissen reinpinxern, denn meinste heechstwahrscheinlich die entzickende Marjellchens, Damens oder gar Jöttinnens?!"
„Nimm de Freß nich gleich so voll, — schlabber, wie dich de Klapp' von Natur is jewachsen!"
„Denn sag' ich Schleiserschens."
„Siehste! Und daran denk' ich ehmd."
„Darf ich dem Herrn Bollermann vleicht fragen, ob er dabei nich an zwei e h e m a l i g e Marjellchens denken tut, nämlich an unsere heiß jeliebten Ehefrauen?"
„Ja und nei. Denn was meinste woll, was die antworten wirden, wenn wir auße kalte Lamäng pletzlich und auffe Stell' 'n Kostiemfest mächten mitmachen wollen? Wirden die uns nich beibiejen, daß wir mit solche Faxen scheen sollten warten bis zu die richtige Karnevals-, Bockbier- und Schuckerzeit, wo se allesamt durchdrehen, vom Vater Rhein bis an de Donau und Isar ...?"
„... und an de Mottlau! Aber daß se denn jern wirden mitmachen."
„Ehmd. Aber j e t z t noch nich. Jetzt wär' das verfrieht, ieberflissig, lasterhaftig oder sowas. Daderwejen mein' ich, mißden wir zwei unser Lasterleben ehmd allein fiehren. Na?"
„Hat was fier sich. Wir jehen im Kognakto."
„Wenn schon, denn heißt das aber: Inkognito. Und das be-

deitet unerkannt, vermummelt, maskiert und kennen anstellen oder auffem Kopp stellen, was wir bloß wollen!"
„Aber was wollen wir denn nu eijentlich?"
„Uns heimlich amesieren, du Bumskopp, dwatscher, mit oder ohne Schleiserchens!"
„Hm, und als was willste nu jehen? Als Schornsteinfejer, Maharadscha, Mandarin, Napoljong, Fatzkedomino?"
„Man bloß keine großen Pläne nich oder womeejlich noch Mehrheitsabstimmung mit Fingerchen hoch wie bei de Parlemängtariers! Entscheiden tun wir uns inne Häkergass'!"
„Zuwas ausjerechnet da? Wieso nich Am Brausenden Wasser oder in de Neinaugengass', auf Karpfenseigen, auffem Poggenpfuhl . . . ?"
„Biste oller Danz'jer oder 'n oller Dussel? — Weil es bloß inne Häkergass' so viele und so billje Maskenverleiher jeben tut!"
Kaum eine halbe Stunde später ziehen die beiden von einem Maskenverleihkeller zum anderen. Die Wahl ist schwer, obwohl manche Möglichkeiten von vornherein wegfallen, wie Max und Moritz, Schopenhauer, Goethe, Schiller, Bismarck oder Beduinenscheich. Dafür könnte man sich als Indianerhäupling kostümieren, als Spanierin, als Admiral, Spreewälderin, Leibhusar, Zöllner, Gardedragoner, Grönländer, Gepäckträger oder Hebamme. — Es ist zum Verzweifeln . . .
Miteins läßt Bollermann, den die kulleräugige Tochter des Maskenverleihers in die Tiefe des Ladens und an interessante Einzelheiten herangeführt hat, sich zuerst einen schicken Spitzbart anheften. Er greift aber nicht nach dem farbenprächtigen Turban, den die attraktive Dame ihm aufsetzen möchte, sondern nach einem wohlbekannten Spitzenhelm mit dem gekrönten „W", wie er eben von jedem preußischen Polizisten getragen wird. Ein dazu passender zweireihiger und betreßter Waffenrock, lange Hose mit hellblauer Biese und der unverkennbare kurze Säbel mit Leder-

scheide sind im Handumdrehen auch zur Stelle, und nun schreit Bollermann seinem zwischen Ritterrüstungen kramenden Kumpan zu: „Mensch, Welutzke, hahm uns die Polypen nich oft jenug jeärgert? Nu jehen wir als Schiens aufjetakelt durch Danzig und ärjern a n d r e! Komm schnell und kiek dir um!“

Bei den reichen Vorräten des Geschäfts dauert es gar nicht lange, bis auch Welutzke in Helm, Waffenrock, „lange Stiefel, Hose in denselben“, Säbel und weißen Handschuhen des königlich preußischen Schutzmanns vor dem großen Spiegel steht und den Schnurrbart zwirbelt, wie es sich gehört. Dann zahlen die beiden ihre Leihgebühr, geben ihre Zivilklamotten in Verwahrung und machen sich davon.

Draußen im Dunkel baut sich Welutzke vor Bollermann auf und kräht: „Janz kollossal, Kamerad! Schneidig und schnatzig! — Bloß, wo kriejen wir nu man bloß rasch zwei schicke Schleiserchens her?“

„Tjä, da bleibt nuscht anders nich iebrig, als daß wir entsprechende Verhaftungen unters weibliche Jeschlecht vornehmen missen!“

„Schietke, sagt Lietke! Auf die Weis' jeht das nich, denn richtje Damens fallen auf sowas nich rein — die besorjen eher u n s dem Reinfall. Na, und die entjejenjesetzte Sort', was sonst sofort mächt' mitkommen, die wird' erst recht Widerstand jejen unsre Pullezeijewalt leisten und die richtjen Schutzleit' aus de ganze Danzjer Altstadt und Rechtstadt zusammenkreischen!"

„Schiet im Kalender! Bleibt also rein nuscht nich als friedliche Einkehr in nette Kneipen und Anbändeln mit allem, was da so hucken tut: Marine- und Werftkäferchen, Grenadierdamens, Speicherdohlchen, Nuttchen und Pusselchen und was weiß ich."

„Mann, wenn wir auf die halbzivile, außerdienstliche Tuhr loslejen wollten, denn hätten wir uns Mitzen aufsetzen lassen missen, aber wir hahm uns ja extra Helme verpaßt!"

„Also fix zurick und umjetauscht!"

„Is doch all zu. — Hast woll nich mitjekriegt, daß jene zijeinerhaftije Tochter von dem Maskenscheich, nachdem du ihr hinter dem hohen Schrank mit lauter Tirkenkostieme drin jenem Fimfminutenbrenner hattst aufjedrickt, gleich dem Schlissel in de Haustier' hat jestochen und zweimal umjedreht?"

„Dies schicke Schleiserchen hätt' mir beinah' noch de Seelenachse verbogen. W a r die aber auch hibsch! Zuckerchen, mmmmmh!"

„Quassel nich schucker! Und deine Seelenachs' war all immer verbogen, krumm wie'n Fiddelbogen, du!"

„Meinste? — Aber nu nuscht als Kneipenkontrolle!"

„Ei, und wenn wir nu' nem richtjen Schien in de Arme laufen tun?"

„Dänn missen wir ehmd auspeilen. Aber bis dahin amesieren wir uns erstmal wie de Mad' im Speck, und das nich zu knapp!"

Die beiden Schwerenöter suchen zwischen Johannis- und Brotbänkengasse manches Lokal auf, wobei sie beim Wirt wie bei den Gästen Aufsehen, mitunter sogar so etwas wie Angst erregen, — ehe sie geruhsam ihre Helme absetzen, die Handschuhe in den Scheßkentaschen verschwinden lassen und die ersten großen Hellen bestellen. Natürlich will sich jeder Schankwirt ihres Wohlwollens versichern, da er ja nicht wissen kann, wozu das einmal gut sein könnte. Und so erlaubt er sich ganz ergebenst anzufragen, ob zum Bierchen nicht vielleicht ein Korn oder Kümmelchen genehm sei, oder zum Nachspülen hinter den Schnäpschen wieder ein Bierchen und so fort. Es muß indes vermerkt werden, daß die beiden Freunde diese Annehmlichkeiten ihrer augenblicklichen Lage in keinem Lokal ausnutzen, daß sich vielmehr zum rechten Zeitpunkt erst der eine, dann auch der andere demaskiert und man dem erstaunten Wirt wie seinen vergüngten Gästen durch das Entfernen der aufgeklebten Bärte als das stadtbekannte Bowkepaar Bollermann und Welutzke vor die Pupille tritt. Sie bestehen beide darauf, zu bezahlen, was sie bestellt haben und wozu man sie eingeladen hat. Nun bestehen Wirt und Gäste erst recht darauf, sie freizuhalten, sie rechnen sich das sogar zur Ehre an, die freilich allmählich immer anstrengender wird, denn — so heißt es im Danziger Land — „de Läng' trägt de Last".

Zwar läßt sich die Länge der Kneipzeit durch Aufbruch abkürzen, aber natürlich nicht in dem Augenblick, wo zwei schmucken Kerlen entsprechende Damen begegnen. Das gerade geschieht plötzlich da irgendwo zwischen der Brocklosengasse und dem Alten Roß. Kaum ist das Freundespaar in eine kleine Kneipe eingetreten, als es von zwei dort tätigen Damen ohne Inanspruchnahme des schon leeren Schankraumes sofort ins Sonderstübchen geleitet wird. Kaum haben die beiden Uniformierten sich dort niedergelassen, da stehen auch bereits vier Machandelchen und vier Tulpchen Aktienbier auf dem Tisch, und es beginnt ein so lebhaftes Gespräch, als kennte man sich seit Jahren.

Wer zu wem gehört, die Frage klärt sich sehr bald dadurch, daß die dunkle Hulda auf Bollermanns Schoß Platz nimmt, während die knallblonde Lene von der gleichen Ausgangsstellung her Welutzke bezirzt. Unter diesen Umständen erscheint es nur folgerichtig, daß bald Bollermann der Hulda, dann auch Welutzke der Lene den ersten Kuß aufdrückt. Ungeachtet ehemoralischer Bedenken, bliebe es vielleicht sogar verständlich, daß alle Beteiligten hellen Spaß an ihrem Tun finden, nur sollte der sich nicht gerade so äußern wie in diesem Fall: Daß nämlich Hulda, aus Bollermanns Umarmungen auftauchend, der Gefährtin plötzlich zujauchzt: „Lene, jesiegt auffe ganze Linie!" Und daß Lene ihr Glas mit dem Schlachtruf schwingt: „Hab' ich's nich immer jesagt? Nieder mit die Mustermänner und die dummen Weiber, was dran glauben!"

Natürlich sind die beiden Zecher noch immer nicht so benebelt, daß sie über derlei Ungereimtheiten nicht stolperten und Aufklärung verlangten. Die wird ihnen denn auch zuteil und nimmt sich so aus: Die beiden Kneipdamen sind alte

Bekannte und sogar einstige Berufskolleginnen ihrer Ehefrauen. Mit denen haben sie vor gar nicht langer Zeit ins Blaue hinein gewettet, daß auch i h r e Ehemänner in einer gewissen Beziehung nicht besser seien als alle übrigen.

Daraufhin erhebt sich erst Bollermann zu seiner ganzen Größe, dann auch Welutzke. Verärgert, wie alle ertappten Sünder, verlangen sie die Rechnung und trollen sich ohne Abschied — nicht aber ohne die abgelegten Bärte — davon.

Wenn ein Mochum seiner Galle ledig werden will, geht er auf die Langebrücke, denn allein schon das Wasser beruhigt. Wenn sich aber auch noch der Mond, Schiffs- und andere Laternen in der guten alten Mottlau spiegeln, wenn keine Sirenen mehr gehen, kein Schifferklavier, kein Matrosen-, kein Möwenruf mehr zu hören ist, vielmehr die große Stille der Nacht alles umfängt, dann kann kein Danziger Pomuchelskopp mehr giftig oder auch nur betrübt sein. Dann wird er elegisch, lehnt sich übers Geländer und tut das, was jahrhundertealter Brauch ihm innerlich abverlangt: Er spuckt in die Mottlau und vergißt all seine Sorgen . . .

Natürlich handeln Bollermann und Welutzke nicht anders, nur will es das Schicksal, daß sie gerade schräg unterhalb des Krantors ans Geländer schwojen, wo die allbekannte Fähre von ihrem berühmten Fährmann schon für die Nacht vertäut worden ist, aber noch bewegt sich etwas auf ihr. „Kiek", knurrt Welutzke, „da ajiert doch Paulchen rum und ramentert mit Tau und Latern! — Du, schwankt der nich wie so'n Schilfpuschel im Sturm?"

„Laß dem Dussel doch schwanken! Schwanken wir vleicht nich?!"

„Das wie das, aber hahm wir ihm nich manch liebes Mal einjeladen, und nie nich hat jen Labommel sich rewangschiert? — Ob wir ihm heit' nich mal 'n bißchen in de Mottlau schorren lassen und ihm denn feierlich retten?"

„Neenee, um die Zeit und mit die Schlagseit‘ kännt‘ das leicht im Auge jehen. Am End‘ mächten wir bei sonem Fisematäntchen alle drei abblubbern!“

„Mui gommas, ja, aber soll uns der Tullas denn einfach durche Lappen jehen?“

„Das auch wieder nich, nee, einfach m i t muß er! Laß mir man machen!“

Der Alte da unten muß etwas gehört haben, denn er schielt schon voll Unbehagen zu den beiden Behelmten hinauf, sagt aber natürlich kein Wort.

„He“, ruft Bollermann zum Bollwerk hinunter, „sind Sie nich der Paul von de Krantorfähr?“

Der speilzahnt zurück: „Denken Sie vleicht, ich bin die Klosettfrau vom Kohlenmarcht oder ‘s Goldne Mannchen vom Rathausturm?“

„Werden Se jefälligst nich noch obsternatsch, Sie! — Is ‘ne Anzeige einjegangen: Se hahm im Dienst was jetrunken und Leite beleidigt!“

„So? Ei, was soll ich denn jetrunken und jesagt haben, hä?“

„Schnaps jelubbert und Luntrus jeschimpft!“

Da platzt Paulchen aber los: „Kiek einer an! I c h hab‘ bloß Kaffe in meine Buddel jehabt, keinem Fuselorjum nich. Und Luntrus? Wenn irjendein Aas ‘n Luntrus is, kriegt er ‘s auch von mir zu hören. Oder soll ich ihm am End‘ noch de Backen puscheien?! — Ei, und ihr?! Seid ja so blau wie im Friehling de Veilchen auf de Bastion Bär und quasselt mir auch noch mitten inne Nacht von de Flanke an, als ob ich‘n Lustmörder oder wie oder was mächt‘ sein!“

„Unverschämter Tullas!“ brüllt Bollermann da und stürmt mit Welutzke die Stufen hinunter. Mitten auf der Treppe aber gerät ihm der inzwischen verrutschte Säbel zwischen die Beine, und er stürzt. Welutzke schießt über ihn hinweg. Während die beiden sich mühsam erheben und die gestoßenen Glieder reiben, kann Paulchen sich vor Lachen kaum auf den Beinen halten; es schüttelt ihn förmlich vor Schadenfreude, denn er kann keinen Schien ausstehen.

Noch immer außer Atem, nähert Bollermann sich ihm und sagt: „Sie kommen mit zur Wache!"

„Meeeensch!" warnt Paulchen und sieht sich suchend nach seinem Bootshaken um.

„Sie sind verhaftet!" sagt Bollermann und will dem Fährmann die Hand auf die Schulter legen, erhält aber einen Stoß vor die Brust.

„Widerstand jejen de Staatsjewaltschaft!" schreit Welutzke. „Da stehen unweijerlich 'n paar Jahrchen Schießstang' drauf!"

Paulchen aber läßt sich nicht einschüchtern und gneddert: „Wenn schon! Aber besoffen im Dienst, das kost' dem scheenen blauen Rock, dem Säbel und de Hurratüt'!"

Doch auch diese Drohung nützt dem wortgewandten Fährmann nichts, er wird vielmehr gepackt und abgeführt.

Die beiden Schutzleute scheinen dabei allerdings keine Eile zu haben. In der Gegend des Häkertores zögern sie so, als sei noch etwas ganz Wichtiges zu erledigen. Schließlich stöhnt Bollermann: „Was fier 'ne aasje Hitz!" und er wischt sich den Schweiß.

„Eiwei, bei drei Grad unter Null?!" speilzahnt Paulchen von der Krantorfähre, doch dann begreift er den Wink mit dem Zaunpfahl und brummt: „Hm, so'n kiehles kleines Helles oder meinswejen auch 'n Anjewärmtes bei Mutter Senger wär' woll nich ganz ohne, wa?"

So kehren sie denn allesamt in der allbeliebten Fischmarktkneipe am Buttertor ein, und es wird oben im Hinterstübchen recht gemütlich. Während sich das Freundespaar aber kaum unterhält, kommt Paulchen auf den Gedanken, sie durch allerlei Fragen in Verlegenheit zu bringen. Bald will er wissen, ob Aale wirklich beißen können, dann wieder, ob es auch schielende Flundern gibt. Als das nichts bringt,

zeigt er grinsend auf den Spruch, der in dunkelbrauner Brandmalerei an einer Wand prangt:

Belsazar, Fürst zu Babylon,
Der ging zu Bett um Elfe schon.
Drum wurde er um Mitternacht
Von seinen Knechten umgebracht.
Hätt' der gekneipt bis Einse doch:
Der Kerl, der lebte heute noch!

Jetzt fragt er nach Babylon, Belsazar und den unmöglichsten Dingen. Aber es zeigt sich, daß die beiden Uniformierten völlig versagen. Sie schrumpfen gleichsam und schließlich — woran der gut eingekachelte Ofen schuld ist — drusselt erst Welutzke langsam ein, dann auch Bollermann. Wobei ihm zuerst der Spitzbart, dann auch noch der Schnurrbart abrutscht und auf die Tischplatte gleitet.

Der Krantorfährenkommodore kneift seine kleinen Äuglein noch mehr zusammen und erkennt plötzlich, wen er vor sich hat. Das gallt ihn natürlich, aber schon weiß er auch, wie er es den Spaßvögeln heimzahlen kann. Vorsichtig hakt er Welutzkes Säbel aus, packt auch noch Bollermanns Helm vom Knaggen und schleicht durch die Hintertür des Lokals hinaus, geht über den menschenleeren inneren Fischmarkt und um den Schwanenturm herum zum Polizeirevier.

Wer das kennt, weiß, wie dunkel sein Zugang schon bei Tage ist, geschweige denn bei Nacht. Paulchen also biestert erst einige Zeit lang da herum, kriegt zwar die Kurve im Flur zu fassen, fällt aber dann, ganz schön beschwipst, wie bei Sturmstärke zwölf, durch die Tür in die Wache und schreckt den Diensthabenden hoch. Dem knallt er Helm und Säbel über die hölzerne Schranke auf den Tisch und grinst vielsagend.

„Was soll das? Wo haben Sie das her?!" will der Wachhabende wissen und sieht den wohlbekannten Fährmann keineswegs freundlich an.

Der lügt, was das Zeug hält: „Das Jemiese da hab‘ ich am Bollwerk jefunden. Bei Mutter Senger hahm schon vor ‘ne Stund‘ oder länger zwei von ihre blaue Brieder ein Machandelchen nachem andern jeschluckt und mit kleine Helle nachjespült. — Vleicht, daß unterdessen einer von ‘nem Lustmörder oder so erwirgt is worden oder daß er sich seine Schusterkugel im ‚Brausenden Wasser‘ wolld‘ kiehlen und is bei die Jelegenheit abjeblubbert?“

„Hm, wenn ich mich nicht irre, sind Sie doch wohl der Paul von der Krantorfähre, nicht wahr?“

„Wenn ich nich der Oberwerftdirektor, Vizeadmiral von Holleben, bin ...“

„Na, na, na!“

„... denn muß ich woll Paulchen bleiben.“

„Also: Sie gehen mit!“ entscheidet der Wachhabende und gibt ihm zwei Bamte mit. Paulchen, der die Schiens auf den Tod nicht leiden kann, geht knurrend voran. Eine Gelegenheit, sie loszuwerden, wird sich schon finden lassen.

Nachdem sie am Bollwerk, da, wo die Radaune mündet und wo Paulchen angeblich die Ausrüstungsstücke eines preußischen Schutzmanns gefunden hat, nichts weiter feststellen konnten, machen sie sich auf den Weg zur Kneipe von Mutter Senger, wo, wenigstens im Schankraum, immer noch etwas Betrieb zu sein scheint. Paulchen, der den Dummen spielt, macht auf den Wandspruch aufmerksam:

Goldig ist der Bückling,
Fettig ist der Aal,
Schielen tut die Flunder,
Und wir trinken noch einmal!

„Lassen Sie das!“ raunzt einer der Beamten und steigt als erster in die Hinterstube hinauf. Als der andere und natürlich auch Paulchen ihm gefolgt sind, finden sie da oben natürlich die immer noch Schlafenden ...

„Sie können jetzt gehen!“ sagt der Dienstälteste zu Paulchen von der Krantorfähre.

Der stemmt die Ellenbogen in die Seiten und knurrt: „So, wenn unsereins bloß mal wo am Proppen hat jerochen, gleich wird ‘ne Freß jezogen und aufjeschrieben! Aber, was so‘n Säbelfranz is, der kann aus alle Knopplöcher nach Fuselorjum stinken und grunzen wie ‘ne Zweizentnersau bei Mondschein! — Is das eire Jerechtigkeit?!“

Damit zieht er ab. Aber nicht weit. Bloß in den Schankraum, wo er Mutter Senger gleich um einen Doppelstöckigen angeht. Und um ein großes Helles. Zum Nachspülen und zum Abwarten.

Zu was sich so zerribbeln?

In der Danziger Markthalle ging es mindestens so lebhaft zu wie davor auf dem Dominikanerplatz oder auf dem Fischmarkt, und ebenso wie draußen gab es auch drinnen Menschen, die den größten Teil ihres Lebens mit Handel verbrachten. Manche fühlten sich einander dadurch besonders verbunden, andere waren und blieben einander spinnefeind, und nichts konnte sie versöhnen.

Zu denen, die sich gut leiden konnten und einander nur selten anmaulten, gehörten Frau Brenda und Frau Glubke. Beide hatten schon vor vielen Jahren ihre Männer verloren und mußten seitdem allein für ihre heranwachsenden Kinder sorgen, und das durch ihre Fleischstände, die aber wenigstens nicht im Keller der Markthalle lagen, sondern oben, wo das Leben nur so pulsierte ...

Auch heute hocken sie da, Stand an Stand, verkaufen ihre Fleisch- und Wurstwaren wenn Käufer kommen und plachandern miteinander, wenn keine aufkreuzen. Miteins schlackert Frau Glubke mit den Schultern und sagt: „Weiß der Deiwel, aber mir hubbert wie mitten im Winter. Ich werd' mich zu mein' Reißmantichtig noch 'ne Gripp' oder 'ne Lungenentzindung aufangeln. Von irjendwo zieht's hier ieberall. Die ganze Marchthall' is wie so'n Luftballong!"

„Und du bist de Luftschiffersche dazu und klapperst mitte Knochen wie 'n Adebar mittem Schnabel, was du außerdem auch noch besorjst! — Wie oft hab' ich dich das all im

Breejen zu ballern versucht, daßde dich'n Schalchen sollst umwirjen und 'n Tuch um deinen Glumsert binden! Aber tuste das? Nei, weil du zu eitel bist und glaubst, daßde noch womeejlich 'n Milljonähr kännst schlängen, was dir wie im Märchen mächt' in sein goldnes Schloß mitnehmen. Aber in Danzig jibt's bloß Goldwasser zu finden, aber keine goldne Schlessers nich. Milljonähre laufen hier auch heechstens in Zoppot rum, aber doch nich in de Marchthall'. Und wenn so einer dir alte verschrumpelte Spinatwachtel auf deine schmierje Fleischerbank wird' hucken sehen, dänn mächt' der in de Sohlen scheeren, eh' daßde ihm kännst scheene Augen machen und dies und jen's . . . !"

„Was du als älterhaftige Person doch bloß immer rumzubrisseln hast! Red'st wie 'n Grammofong, wenn einer de Platt' auflejen tut, aber auch immerzu dasselbe. Wenn ich mir'n Schal umlej', wird mich so heiß auffe ganze Figur, und mittem Tuch um de Ohren versteh' ich nich, was de Kundschaft will. Wenn ich jedesmal erst nachfragen muß, denken de Madams doch, ich bin schucker oder mittem Klammerbeitel jepudert. Siehste, daderwejen wrums' ich mich die Klamotten ehmd n i c h ummen Kopp und ummen Hals. Verstehst mir nu endlich?"

„Warum sollt' ich nich?! De Kundschaft quasselt ja noch vielmehr Sellriesalat, und einer muß noch 'ne freindliche Freß dazu machen, aber 's bleibt doch Bleedsinn, was se schlabbern tun. Und deine Redensarten, zu was soll ich mich dadrieber zerribbeln?! Manchmal, weißte, mächt' ich dir rein vertonnen oder dich 'n Priemelpott auffem Deez zerdämmern, wennde wieder so schnoddernäsig quasseln tust, aber dänn denk' ich auch wieder am Abend, wenn ich so ganz allein bin, keiner ärjert mir, bloß de Hering' prischeln auffe Pfann' und man wird' sich jern die dammlichsten Moppchens anheeren, wenn bloß einer mächt' da sein, was einem so richtig auf de Schipp' nimmt!"

„Jeht mich doch jenauso. De Kinder, na ja, die kommen doch immer bloß dänn anjekleetert, wenn man se partuh nich brauchen kann, und de Nachbarsche will einem doch bloß im Topp kucken und wenn's gerad' so zwei, drei Aalchen in Dill sind oder 'n Stick Briesel, was ich mir bezähmen tu', dänn macht die so luchterne Augen, daß ich se auch 'ne Wucht auffem Teller muß packen! Dänn heer' ich mich doch viel lieber an, was du so dem ganzen Tag ieber blubbern tust, weil ich dir all so lang' kennen tu' und weiß, daß es aus 'nem ehrlich frechen Herzen und 'ne verhaune Schnauz' kommen tut! Manchmal kännt' ich dir Unnosel richtig umärmeln von wejen deine Dreibastigkeit, du olle liebe Schrull', verflixte!"

„Glubkesche, sprichst mich so richtig außem Herzen, da, wo es am meisten verschrumpelt is und wo der richtje Kummer sitzen tut! Sowas wird einer ja nie nich anders los, als wenn man's sonem lieben kratzbirstigen Zulter erzählt. Stimmt's oder is es wahr?"

„Stimmt, aber kratzbirstig biste auch jeniejend, du! Am meisten muß ich mich amesieren ieber deine Kleidasch', alltags und am Sonntag. Jetzt, wenn ich dir so besehen tu', siehste mießer aus wie 'ne Klosettfrau, denn die hat wenigstens sowas wie'ne saubre Schirz' ieberm Bauch!"

„Hab' ich vleicht keine?"

„Aber voll Speck und Dreck und Fischschuppens! Deine Trittchens mißden all lang' beim Flickschuster. Zuwas trägste keine Klotzkorken, was viel länger halten? Aber die sind dich nich vornehm jenug! Die Strimpf' rollen sich wie lauter schwarze Wienerchen um deine Staketenstelzen. Dein Rock, der steht ja vor Dreck! — Oder is das von die viele Unterröck, was unsereins ja seit Jahrhunderten einem ieberm andern auffem Leib tut tragen? Scheen, jenehmigt! Aber was is mit die Blus'? Das is doch keine Blus' nich, das is 'ne jebliemte Fladus', was ich an dich kennen tu', solang ich dir selber kenn! Was-chen, du hast drei Stick davon? Sowas

macht doch keine Frau nich, was auf sich halten tut, ehmd weil jeder glaubt, das is immer dieselbe Blus'! Ei, und was willste eijentlich mit die schuckerne Brosch' auffem Latz, hä? Granatschmuck von deine sel'je Tante? War die vleicht bei de Artillrie, die Tante? Hat die nuscht Bess'res jehabt als so'ne miekrije Granat' fier ihre Nichte? Schiet is das!"
„Dänn verstehste nuscht von Juwelen und so!"
„Du, meine Tante hat bei Moritz Stumpf jahrelang reinjemacht. Dabei lernt man sowas. Und ich bin ihre Lieblingsnichte jewesen!"
„Wie kannste als Nichte vonne Juwelierreinmachersche was von die vornehme Zatzchen lernen, wenn se nich inne Hand kriegst oder sonst ganz aus de Nähe bekieken kannst? — Hat die vleicht Zappzerapp jemacht, deine Juwelentante?"
„Schäm' dir, Zulter, dwatsches!"
„Auch das wollt' ich noch sagen: Am Alltag huckste hier rum wie'ne Vängtinersche, am Sonntag aber kodderste dir ein wie Gräfin Koks von de Gasanstalt!"
Während die beiden alten Bekannten sich in gewohnter lauter Weise unterhielten, wobei sie nur eine kleine Pause ein-

legten, wenn gerade eine Kundin oder der Standgelderheber erschien, konnte schon dies oder das von einem Unbekannten aufgeschnappt werden. Die einen belachten dann das rasante Danziger Deutsch, die anderen mehr den Inhalt. So auch heute. Plötzlich stand eine junge Dame mit einem besonders großen flotten Hut, unter den man kaum gucken konnte, vor Frau Glubke und flötete: „Ach, liebe Frau, ich freue mich immer so über den hübschen Dialekt, den man hier spricht. — Würden Sie wohl den letzten spaßigen Satz mir zuliebe wiederholen?"

„Kännen Se hahm. Warum nich! Also ich hab' so unjefähr jesagt, daß meine Kollejin da am Alltag hier huckt wie 'ne vermiekerte Tojelättenfrau, was auf'n halbes Dittchen lauert, und daß das großbramsige Biest sich am Sonntag auftakelt wie 'ne Jräfin von Rotz zu Kotz!"

„Danke, das genügt mir. Ich bin nämlich zufällig die Tochter dieser Gräfin und werde von Ihren Unflätigkeiten entsprechenden Gebrauch zu machen wissen!"

Es nützte nichts, daß Frau Glubke der ungebetenen Zeugin den Fall erklärte, auch nichts, daß Frau Brenda ihrer Tochter auseinandersetzte, daß man so miteinander zu reden in alter Freundschaft gewohnt war, die aufgedonnerte Tochter setzte der Mutter unentwegt und solange zu, bis sie sich erweichen ließ, wider ihren eigenen Willen gegen die Nachbarin und spaßige Widersacherin seit Jahrzehnten eine Beleidigungsklage anzustrengen. Als daraufhin nichts erfolgte, vergaßen die beiden Standnachbarinnen bald, was geschehen war, redeten miteinander weiter in der gewohnten Weise und dachten an nichts Böses. — Bis beide eines Tages eine Vorladung zum zuständigen Schiedsmann in Händen hielten und sehr verwundert waren. Für alle Fälle entschloß man sich, dem Feind gemeinsam auf den Leib zu rücken.

Der Schiedsmann scheint wegen seiner Jugend weder große Erfahrung im Amt überhaupt noch in der Behandlung kauziger Mitmenschen zu besitzen. Er redet also eine Zeitlang so vortrefflich zur Sache, daß weder die eine noch die andere Kontrahentin ihn versteht und sich entsprechend äußert. So fällt er denn am Ende unwirsch mit der Tür ins Haus: „Tja, meine Damen, Sie werden doch Verständnis genug aufbringen, um zu begreifen, daß in diesem Falle ein Vergleich . . .“

„Sie“, unterbricht ihn sehr bald die leicht aufgebrache Frau Glubke, „was heißt hier Damen, hä? Wir sind ehrbare Handelsfrauen, meinswejen auch Marchtweiber, aber Damens sind wir nich. Und Verständnis aufbringen?! Soll das vleicht heißen, daß wir dammlig sind?!“

„Wer spricht denn davon? Aber ihre wüsten Beschimpfungen, die ja doch den Inhalt dieser Beleidigungklage bilden . . .“

„Hab‘ ich Ihnen am End‘ beschimpft?“

„Mich zwar nicht, aber Ihre bedauernswerte Gegnerin da.“

„Bedauernswert? Die und bedauernswert? Die verdient mit ihre Dreibastigkeit ja mehr als ich, denn die verkringelt sich rein vor Freindlichkeit jejenieber de Kundschaft. Zwei Häuser hat se all und draußen in Heibud‘ . . .“

„So war es auch nich gemeint, vielmehr . . .“

„Was? Nich so jemeint? Mannchen, dänn sagen Se doch, was Se meinen, und schlabbern Se nich Brejen und Blutwurscht durchenander!“

„Ich meine doch nur . . . Nicht wahr, Frau Brenda, Sie sind doch hier schließlich die Leidtragende . . .“

„Was? Leidtragende? Bei die Sache is doch keiner dotjegangen!“

„Machen Sie es mir doch nicht so schwer . . . !“

„Ja, Köppchen missen Se schon mitbringen fier sonem Beruf, Sie!“

„Im Grunde ist das auch schon wieder eine Beleidigung . . . !“

„Hurrjes, Se sind ja ‘n Mimöschen oder wie die schietjeele Blietchens heißen tun, was sich immer gleich zusammenkrullen!“

„Bitte keine Abschweifungen! Also Frau Brenda, kommen wir zu Ihnen! Sie sind hier ja schließlich die Klägerin, die mit überaus — ich möchte sagen — schmutzigen . . ."

„Ich, schmutzig? Das is ja, als ob einer sich auffen gliehenden Plättbolzen setzen tut! Ich jeh' hoch, ich . . . !"

„Nun, hat Frau Glubke Sie denn etwa nicht mit Schmutz beworfen?!"

„Nee, in de Marchthall' jibt's keinen Schmutz nich! Da is de Pullezei aasig hinterher. Jibt gleich Strafmandatchen, und meinen Se vleicht, ich wird' mir aufkrisseln lassen? Oder die Glubkesche? Die is auch nich mittem Klammerbeitel jepudert. Und wenn mich womeejlich 'n andrer wolld' mit Dreck am Stand kommen — gleich 'ne Handvoll Kaldaunen hätt' der um de Freß bammeln, der mich mächt' mit was schmeißen. Das kännen Se aber glauben, Herr Schiedsratchen!"

„Das war ja auch nur bildlich gemeint, so gleichsam durch die Blume, Frau Brenda."

„Blumen werden schräg jejenieber jehandelt, weit weg von unserm Stand. Und jene Frauen haben auch nuscht nich zum Schmeißen!"

„Himmel, nehmen Sie's aber genau!"

„Jaja, das lernt unsereins so mit die Jahre bei's Jeschäft."

„Um also zur Sache zu kommen, Frau Glubke hat Ihnen doch allerlei Übles nachgesagt!"

„Weiß ich ja jar nuscht von!"

„Brendasche, der liejt!" fällt Frau Glubke ein.

„Nun, ich lese Ihnen den Passus aus der Akte vor! Es heißt hier wörtlich: ‚Am Alltag huckt sie' — damit ist Frau Brenda gemeint — ‚hier rum wie eine vermiekerte Toilettenfrau, die auf ein halbes Dittchen lauert, und am Sonntag takelt sie sich auf wie eine Gräfin Rotz zu Kotz!' — Entspricht das nun der wahren Aussage der Beklagten oder nicht?"

„Is auch meejlich, daß ich jesagt hab', sie is 'ne verschrumpelte Ziej', auch Jräfin Koks von de Gasanstalt und was weiß ich!" wirft Frau Glubke ein.

„Um Himmels willen, das verschlimmert ja alles noch mehr!"

„Nu sagen Se mal, was daran so schlimm is! — Meinen Se vleicht, die Brendasche jibt mich nich·auch Saures, wenn ihr so is?"

„Frau Glubke, es handelt sich hier um die Beleidigungen, die Sie Frau Brenda zugefügt haben. — Geben Sie also die hier aufgeführten beleidigenden Äußerungen zu?"

„Was ich jesagt hab', hab' ich jesagt, aber von beleidjende Eißerungen weiß ich nuscht! — Was sagst du, Brendasche?"

„Daßde recht hast, Glubken. Wir lassen uns doch Beleidjungen nich einfach so unterschieben wie 'ner Hiehnerkluck' Enteneier, neenee!"

„Nun schlägt's dreizehn!" empört sich der Schiedsmann, aber Frau Brenda belehrt ihn: „Sie, Mannchen, heeren Se gut zu: Die Glubken, die kann manchmal wie 'ne Brems' sein, manchmal sogar wie 'ne Kreizotter, ja, aber ich kenn' ihr woll bald dreißig Jahr' und die mir auch, und die hat mich noch nie nich was Beeses nachjesagt und ..."

„Zum Donnerwetter, was steht denn in dieser Akte?!"

„Na, kieken Se doch rin! Sollen wir vleicht wissen, was da irjendeiner hat rinjekliert?"

„Da hört sich ja alles auf! Bin ich denn ein Idiot?"

„Tja, wer soll das so jenau wissen!" grinst die Glubke achselzuckend.

„Frechheit! Mit Ihnen habe ich außerdem gar nicht gesprochen!"

„Was, erst fragen Se uns, ob Se'n Idjot sind, und hernach heißt es: frech? Ich will das nich jeheert haben, Sie Paragraphchen!"

„Ähem! — Pardon, aber jetzt weiter zur Sache: Frau Glubke, geben Sie zu, Frau Brenda so etwas wie eine ‚dwatsche Krähe' und eine ‚aufgeplusterte Pute' vorgeworfen zu haben?"

„Vorjeworfen? Nee! wenn eine 'ne dwatsche Kräh' oder 'ne aufjeplusterte Put' is, dänn is se das ehmd, und se kriegt 's auch zu heeren, wenn's jerade so paßt. Aber 'n anständjer Mensch wirft ihr das doch nich noch vor! Das wär' ja, als wenn man mächt' zu 'nem Pucklijen sagen: ‚Mensch, was haste bloß fier'n Dubbas da hinten?!' — Nee, für sowas bin ich nich!"

„Mir scheint, beides komme auf das Gleiche hinaus?!"

„Nich in de Lamäng!"

„Nun, Sie haben Frau Brenda aber doch nachweislich eine dwatsche Krähe genannt, und das allein genügt bereits!"

„Jeniegt noch lang' nich, dänn manchmal is se auch noch 'ne Plachandertrin', 'ne schuckerne Ul', 'n Mistbunkenkreet!"

„Damit beleidigen Sie ja Ihre Gegnerin schon wieder, Frau Glubke! Hiermit mache ich Sie, Frau Brenda, a u c h darauf aufmerksam und stelle mich gegebenenfalls als Zeugen dafür zur Verfügung!"

Frau Glubke schlackert erst ganz verzweifelt mit den Ohren, dann erwidert sie: „Beleidjung, das is woll fier Ihnen dasselbigte wie fier'n Hund 'ne Kodderpupp', was der immerzu am Wischkoll kriejt, was, Sie Amtsmensch? — Brendasche, was sagst denn du dazu, hä?!"

Frau Brenda lächelt müde: „Wissen Se, ich komm' durch diesem Jullasch nich mehr durch, denn da sind ganz verkehrte Fleischsorten rinmengeliert. Was man auch rauspieken tut, mißd' allens ganz anders sein! Sehen Se, daß ich mir am Sonntag wie 'ne Jräfin auftakeln tu', das hat all manche von unserm End' und erst recht von die Zulters auße Machthall' jesagt. Das kann ich mich nu eben mal leisten, nich? Wenn das de andern bost, kann ich mir doch heechstens freien. Und weiter: Wenn meine olle dwatsche Glubkesche, dies Stick Mallöhr, dieses Lottchen Doll, mir 'ne aufjeplusterte Kräh', 'n Mistbunkenkreet oder sonst was Saftiges schimpfen tut, dänn hab' ich ihr vorher jewiß auch so ähnlich anjekleckert, dänn hat se doch recht, oder vleich nich? Fier uns zwei beid' jeheert das einfach dazu wie de Wurscht auf's Brot und 's Majoran an de Gans!"

„Ja, wenn das wirklich Ihre Ansicht ist, Frau Brenda, warum in aller Welt haben Sie dann überhaupt Beleidigungsklage erhoben?"

„Weiß ich auch nich. Dadran is bloß die Klara schuld. Die kam in 'nem Momang dazwischenjekleetert, als . . ."

„Wer ist denn die benannte Klara?"

„Na, meine Tochter doch, jen' aufjeplustertes Modejestell von Walter & Fleck in de Langgass', was mich immer hat zujered't!"

„Was", schreit da die Glubke, „erst kemmt se immer dich de sauer verdienten Dittchen aus de Fupp ziehen und dänn pökert se auch noch solang', bis mir hast anjezeigt?!"

„Ich und dir anzeigen? Wußd' ich jar nuscht von. Ich solld' man bloß jenem Fummel Papier unterschreiben, pirrd' se immer, damit ich mir nich mehr brauchd' so aufzurejen bei de Arbeit. Dänn wirden mir alle Leite immer scheen in Ruh' lassen und eins mit's andre, hat se mich vorjebrisselt. Ihr Dingerings von's Jericht, ihr Freind und Aktenschlepper, der hätt' allens piekfein aufjesetzt. — Na, wenn einer am Abend todmied' is und seine Ruh' will hahm vor dem ewjen Jebrissel, dänn setzt man ehmd seinem Friedrich Wilhelm drunter, nich?"

„Und du Schussel hast dem Brassel ieberhaupt nich durchjelesen? Auf die Weis' hätt'st ja kännt dein eijnes Todesurteil unterkrisselt haben!"

„Da's ja nu nich, indem doch die Klara ihr Gent Lehmann oder Freind bei's Jericht is."

„Als Aktenschlepper oder Kaffeekocher fier de Vorjesetzten, was? Vleicht braucht d e r die viele Dittchen, was deine Tochter dich immer loseisen kemmt?"

„Dittchen? Allein in diesem Monat hat se mich bare fuffzehn Eierchen abjequetscht, das Lachodder, das infamichte! — Und nu huckt unsereins hier fier nuscht und wieder nuscht

rum und vertredelt die scheene Zeit, wo man mißd' am Stand in de Marchthall' de Karb'nad', all die viele Bratens fier zum Sonntag und die Wurscht väkaufen!"
Der Schiedsmann springt auf: „Für nichts, Frau Brenda? — Diese üblen Marktweiberausdrücke, mit denen Sie belegt worden sind, ist das wirklich alles nichts?!"
„Marchtweiber?" kreischt Frau Glubke. „Wir sind anständ'je Händlerfrauen, Sie Brillenaujust, und keine Marchtweiber nich! Was erlauben Sie sich eijentlich?!"
„Laß doch dem Dussel", beruhigt die Brenda, „der weiß viel, was er brisselt, wenn der Tag lang is!"
„Was höre ich da? Dussel? Brisseln? — Frau Brenda, ich stelle fest, daß nunmehr Sie . . . !"
„Ob Se's fest oder lose stellen, Sie Piefke, is mich piepe!"
„Das sind Beleidigungen, die Sie teuer zu stehen kommen werden!"
„Fier mein sauer verdientes Jeld kann ich beleidjen, wen und sooft ich will, Herr Papierrat!"
„Und mich kennen Se Ihre Akten zum Einwickeln fier Eisbein und Schweineschnauze rieberlangen, Sie Schietrat!" ulkt Frau Glubke und fügt hinzu: „Komm', Brendasche, raus aus die amtliche Stänkerluft und erst mal rein bei Brunies! Da werden wir uns 'n Toppchen Kaffee mit Tort' und Schlagsahn' bezähmen!"
„Aber leifig, Glubken! Mich is all ganz miesepetrig von die Haarspalterei!"

Puttchen als Privatpatient

Was, Puttchen kennen Se nich? Jeder olle Pomuchelskopp kennt doch Puttchen, Puttchen vom Fischmarcht. Nei, 'n Stand hat der nie nich jehabt, Fischer war der auch nich und Expedjent erst recht nich, aber mit se alle hätt' Puttchen, was eijentlich Puttkammer hieß, von frieh bis spät zu tun, indem daß er doch de Ware vom Dampfer mit seine Karr' immer an de Ständ' von de Fischfrauen und an de Kähne von Eckermann, Bock, Kombeltz und wie se alle heißen taten, ranbracht'. Wieviel Kisten Sprotten, Bickling', Zärten, wieviel Zentner Reicheraal, Bundchen, Stremellachs und Stör, wie viele Bütten mit frische Flundern, Lachs, Zander, Schleichen und Bressen und wie viele große Dosen mit Rollmops und einjelejte Neinaugen Puttchen 'n lieben langen Tag ieber quer durchem ganzen Fischmarcht bugsieren tat, wußd' nich mal er selber. Hätt' ihm einer jefragt, hätt' er sich vleicht am Kinnbart jekratzt oder an jen' einem Ohr jegrabbelt, wo er, wie viele olle Fahrensleite, 'n silbernen Ring dran trug, und hätt' jesagt: „Quassel man nich — jib lieber einem aus!"

Ja, und unser olles Puttchen hätt all längere Zeit so bißchen rumjequiemt, er ließ sich man nuscht anmerken. Erst als de Tobbaksfeif' nich mehr wollt' schmecken, de Ziehgarr und de Zigarett erst recht nich, da hätt' er's denn einem von jene Mochums jestanden, was auch nich vom Brausenden Wasser und vom Häkertor wegzudenken waren und fier jedereinem ‘n Herz hätt‘. Das war Paul Pogoda, der Expedjent vom Fischmüller, der mit die goldne Brill‘ und die viele Flausen im Kopp. Na, was der nu Puttchen raten tat, war eijentlich im voraus klar wie Flaumenkeilchen: „Aber da hilft doch nuscht nich besser als ein paar doppelte Macheikes und ‘n Artus-Pilschen zum Nachspielen!“

Puttchen wird ja nu dem seinem Rat auch noch befoljen und warraftig einem abbeißen jehen, aber nich etwa bei die gute brave Frau Senger am Buttertor, nei, der Deiwel reitet ihm doch, in die Springer-Destill‘ auffem inneren Fischmarcht zu schieben. Da war so‘n fixniedlicher Schnapsthekenindianer, und der wußd nu allens viel besser als Paul Pogoda und tat ihm doch warraftig nach zwei, drei Sprinperspezialitätchens auch noch „Starkstrom“ empfehlen, von Sticker fuffzig Perzentchen oder so. Puttchen plätscherd auch davon gleich einem hinters Schemisättchen und spield mit Bierchen nach. Schmeckd nich mal schlecht, aber schon wie Puttchen auße Huck hochkemmt und jenem Kneipjisten fast fimf schwerverdiente Eierchens auffe Thek knallen mißd, spickd der Magen und machd Mareiß wie doll.

Daderwejen sejelt Puttchen natierlich gar nich mehr dem Fischmarcht an, sondern nimmt gleich Kurs nach Haus. Damals wohnd er noch in de Krausenbohnengass‘, Ecke Karpfenseigen. Wie er nu grad um de Wohnungstier‘ rumschwojt, rebbelt sich all seine Ollsche auf: „Stinkst je nach Fuselorjum, du Lorbaß, infamichter!“ — „Wo ich doch aber so krank bin, Muttchen!“ — „Besoffen biste, aber nicht krank.“ — „Mein Magen schmerzd wie doll, und da hahm se mich dem Rat jejeben . . .“ — „Natierlich, deine Suffkes und Kartenkloppers vom Altstädtischen Graben und aus de Lawendelgass‘. Die Brieder steht doch schon der Schnaps in de Stiebel. Wenn da‘n Zindholz dranhältst, schlagen de Flammen hoch!“ — „Aber nei, Muttchen, war doch gar keiner von die, war doch der Herr Pogoda . . .“ — „Der feine Zrohr mit die goldne Brill auffe Jimm und sonntags mitte Kreissäg' oder womeejlich mit 'nem Zachlinder? Mit dem seine Moneten kann einer auch inne Kneip' jehn oder im besten Restaurang, aber doch nich mit deine paar Plauzfennje, du Leidack!" — „Hat aber doch bißchen jeholfen. Kannst es glauben!" — „Äh was, Arzt is zehnmal besser als Alkohol. Aber vorm Dokter hast all immer Schiß jehabt, oller Duhnas!"

Puttchen sagd nuscht mehr. Puttchen haud Mitz und Jack auffem Haken, wirjt dem Schal ab, krauft aufs Soffa und puhlt sich de „Danzjer Neiste Nachrichten" vons Paneelbrett. Aber wie das so jeht: Er pennt drieber ein und treimt miteins von Sommer, See und Strand in Breesen oder auffe Westerplatt' und von schicke Schleiserchens mit und ohne Badebixen. Und Puttchen grunzt ganz leisemang vor Vergniejen. — Bis de gute Ollsche was auffem Tisch stellen tut und ihm dänn in de Rippen buggert: „Na nu berappelt dir man, heerst? Mußt ja bißchen was inne Kaldaunen kriejen. Das hilft!" Dabei stellt se 'n Kummchen Kartoffelsupp hin, grabbelt mit de Gabel in de Kastroll rum und hebt was hoch: „Paar warme Wienerchen! Die bezähm dir man. Stipp se ordntlich im Mostrich, und schon!"

War ja sehr anständig von Puttchen sein' Ehejesponst, was erst soviel Jift hätt losjelassen, na nich? Da sagt aber doch nu jen Leidack großbramsig: „Und dänn noch 'n scheenes Machandelchen drauf!" — Da zetert sein Ehespijänst aber los: „Daßde hinterher womeejlich wieder allens von dich jibst, hä? Nee, is nich, Tullas, dreibastjer. Jesund sollste werden, aber nich duhn!"

Da zieht Puttchen dem Kopp ein und schiebt de Bulwensupp und auch noch drei Wienerchen, dick mit Mostrich bekleckert, hinter de Klüsen. Das schmeckt ihm so aasig gut, daß er miteins nach seine Olle rieberlangt und ihr de Back puscheien will. Aber die haut ihm auffe Griffel, indem

daß se sowas nich verknusen kann und weil se auch noch inne Kich muß, abwaschen und eins mit's andre. In die Zeit, sagt se, solld er man noch bißchen auffe Luft jehen.

Das macht er denn ja nu auch. Aber wie er hernach so tapfer an die nächste Eckdestill' voriberschlingert und immer längs de Bäume und dem Wasser, da knallt ihm doch einer von die Viertelstarken, so'n Lorbaß von Sticker zehn Jahrchens, was da Klippchen spielen tun, sein spitzes Deiwelsding mit Schawung vorm Bauch. Puttchen japst wie 'ne Pogg und muß sich gleich wo hinhucken. Is aber keine Bank nich da, kein Stein oder was, bloß so'n schwarzer Pungel, was am Laternenfahl lehnt: Immerhin 'ne Stitz fier'm Achterstewen. Aber wie Puttchen sich grad' vorn 'n bißchen aufknöppen tut, weil er doch nachsehen mächt', ob jen Klipp sich vleicht im Bauch hat jebohrt oder was, weil's so doll schmerzen tut, da kemmt mitmal ne vierschrötje Goi anjeschaukelt, was vor Flomen kaum kraufen kann — so halb Rammbau, halb Schichaugass' — stemmt de Arme inne Hiften und bälkt: „Sie, wie kännen Se sich unterstehen, sich hier vor alle Leite zu lausen, und das auch noch auf meine Einkaufstasch'?! Hoch, Sie Vengtiner, und mich auße Augen, sonst hol' ich de Pullezei!" Na, Puttchen richtet sich miehsam auf und erklärt, daß von Lausen gar keine Red kännt sein, indem daß er doch bloß wolld nachsehen, ob jen infamichtes Klippdubbas ihm verletzt hätt. — „Was, Klippchen? So'n oller Krauter und Klippchen? Ihnen spickt woll 'n Klippchen im Kopp, was?"

Während die Dicke noch schlabbert, kiekt se gleichzeitig inne Tasch. Da is natierlich allens durchnandermengeliert und bequätscht: Kohlrabi, Mohrriebchen, Pasternack, Rindfleisch, Majoran, Kumst und 'n Pfundchen Kirschen. Während der Ollen ihr Jesicht sich immer mehr verfinstert, jibt Puttchen sich'n seelischen Ruck, und miteins prickt ihm der Hafer. Er macht vornehme Naslöcher wie'n Zrohr, tippt mit zwei Finger anne Mitz und sagt: „Pardong, jneedje Frau, was bin ich schuldig fier dem Schmetter?" — Da is die platt wie 'ne Briefmark'. Erst will se losramentern, aber dänn denkt se woll, der da is entweder duhn oder dammlich. Als er nu auch noch im Portjucheh rumfummelt, meint se ganz freindlich: „Wenn Se sich nu noch wenigstens wollten entschuldjen, wird' ich es bei einsfuffzig fier die verquatschten Kirschen und eins mit's andre bewenden lassen." Da sagt Puttchen: „Heeren Se, Madamchen! Wenn Ihnen wo einer 'n Klipp mächt' vor de Plauz knallen, daß Se inne Knie missen, wirden Se sich dänn auch entschuldjen? Jen' kleener Läschack, was dem Klipp losjeballert hat, mißd doch m i r um Entschuldjung bitten, na nich? Aber was macht der? Bohrt inne Nees' und grieflacht. Na, das wie das, hier sind einsfuffzig und ich dank' auch scheen fier dem Pungel unter mein' Podex, 'n Ahmd!" und schon haut er ab.

Nu aber am nächsten Morjen! Nach bloß drei Spiegeleierchens is es aus mit Puttchen: Allens ausjekolkt und Bauchschmerzen zum Wimmern! Aber von wejen ins Bett zurick, is nich. Seine Ollsche spänkert ihm raus: „Auffe Stell jehste beim Arzt, aber leifig! Wenn ich nich grad' unser mebliertes Studentchen mißd fier de ganze Woch' bewaschen und bestoppen, wird' ich dir bringen, aber nu schiebst ehmd allein hin, dalli! Dreh dir gar nich erst lang' rum; Mitz auffem Deez und ab!"

Wie Puttchen denn nu mit all die viele Leite im Wartezimmer huckt, wird ihm noch viel iebler. Denn die schweijen ja nich oder kucken bloß in de Journahle, nei, in einem weg flistern se von ihre eijne Wehwehchen, von Onkel Karl und Tante Frieda und de Kinder ihre Krankheiten und Schmerzen, von offne und zune Beine, von Bandscheibchen und Beinamputatzjohn, von allerlei Tröppchen, Hintenreinsteckprummelchen und Tablettchen, von Injektzjohn und

Konfusjohn und wer weiß was noch allens, daß ihm noch schlechter wurd‘ als ihm doch all war. Und miteins hahm die Weibsleite schon ihm selber am Wischkoll. — Magen? Nich mit zu spaßen. Pillen, Pulver, Diät und Rollkur, Spritzen, Umschläge und Eisbeutel is nuscht nich auffe Dauer, nei, da muß ehmd operiert werden. Der einen ihr Kusäng hat das gerad hinter sich: Zwei Drittel vom Magen rausjesäbelt, das Restchen irjendwie mit de Därme verknotet oder was, dänn Blutinfiltratzjohn aus Pullen, was ganz hoch an ein Jeställ jebammelt werden ... Hat allein im Opeh ieber drei Stunden jedauert, dänn noch tagelang stramm im Bett jelejen, aber nu is der all lang‘ ieberm Berg, hat Appetit auf Erbsen mit Speck, darf auch allens essen, und dem sein Magen verdaut nu Kieselsteiners.

Hurrjes, das hätt Puttchen gerad‘ noch jefehlt! Was soll er mit‘m Drittelmagen ieberhaupt anfangen! Jeht doch nuscht nich rein. Vleicht ‘n kleines Klopschen, ‘n Kartoffelchen oder‘n Tulpchen Helles, und all Feierahmd. Und das bei ihm sein Appetit! Wo soll denn einer bei sowas mittem Eisbein hin, wo bringt er ‘n anständjes Aalchen oder Jänsebraten unter? Ei, und erst ne Terrin‘ Bohnen mit Bauchlappen?!

Puttchen ergriff ganz einfach und heimlich de Flucht. Unterwejens kaufd er sich aber so‘n halbes Pfundchen Bullersalz, nahm gleich ne Wucht von ab, schob zwei Helle nach und zoddeld nach Haus. Ihm war prächtig. Bis auf die dwatsche Rilpserei. Als er ankam, rummsd er auch gleich wieder los wie so‘n Erdbeben in Minjatuhrformat, und seine Ollsche schniffeld von wejen Fuselorjum. War ja aber nich. — „Na, erlees‘ dir man scheen“, meind se und fragd: „Was hat der Dokter dir denn jesagt und was hat er verschrieben?“ — „Äh, eijentlich nich so recht was.“ — „Aber der muß doch was jesagt hahm und eins mit‘s andre!“ — „I, da is soviel jeschlabbert worden, daß mich noch immer der Kopp brummen tut. So von wejen Operatzjohn, drei Viertel vom Magen rausjeschnibbelt, Därme zujenäht und so, Blut schlucken aus große Pullen, was von oben dalbammeln und was weiß ich." — „Und das allens sollst du armes Mensch?" — „I nei, doch 'n andrer. Aber als ich das bloß heerd' ..." — „Da biste ausjebixt, was? Ich kenn' dir doch, du Held mittem Hasenherzen!" — „War ja all Mittachszeit, als ich bin abjehauen. Olga, ich sag dir, im Jesetz steht, kein Mensch braucht sich lassen operieren, wenn er partuh nich will!" — „Das kännt' dich so passen, von wejen de Jesetze! Und nu haste dem Dokter ieberhaupt nich jesehen?" — „Ich hab' bloß die junge Doktersche jesehen." — „Die junge ...?" — „Na klar, ihm seine Frau. Hätt' so'n schicken weißen Mantel an und lange Locken ..." — „Schucker! Das war doch dem seine Sprechstundenhilf', was die Leite nachnander muß reinrufen und inzwischen Blut abzappt, mitte große Lupe betrachten tut, Urin immer inne Rund' schlenkert, Spritzen abkocht und Arme und Beine mit sowas Warmem bepackt, bis 'n Wecker rappelt und se wiederaufheeren muß." — „Auch meejlich. Dem Wecker heerd' ich paarmal zrimmeln." — „Und was war denn nu mit jene Person, was alle Kerls de Köpp verdrehen tut mit ihre schwarze Kulleraugen und die lange Wonzen bis auffe halbe Schultern? Haste die attraktive Schicks' auch anjehimmelt, du Leidack?" — „Wo werd' ich denn, Mamachen!" — „Hat sich was von wejen Mamachen! Ihr Mannskreeten seid alle gleich. Ihr verkringelt eich wie'n Auerhahn auffe Balz', wenn ihr so'n auffälljes Stick Marjell seht!" — „Aber ich doch nich! Bei meine Bauchschmerzen!" — „Die hahm doch aufjeheert, haste jesagt! — Wie kam das denn eijentlich so auffem Plutz, hä?" — „Weiß ich doch nich!"

„So, weißde nich. Aber i c h weiß: Morjen frieh bring ich dir beim Dokter, heerst? Jewißheit haben will ich, selber sehen und heeren, was eijentlich los is mit deine molsche

Kaldaunen. Das muß der uns ganz jenau selber sagen, und jen' Vogel, jen' Wartezimmerjebilster ..." — „Is doch aber rein gar nuscht jewesen mit die Schicke, was dem Urin ..." — „Ach, kiek mal einer an! Haste das Zulter noch immer nich verjessen, du Lausangel?" — „Hast doch all eben erst von die jeredt, du selber hast jesagt ..." — „Was denn, was soll ich jesagt hahm? Treimst woll, was? Du, das is mich heechst verdächtig! Na, wird morjen gleich allens mitaufjeklärt. Meine Augen sehen gut. Bis dahin sollen dich all jetzt die Bixen flattern. Wenn ich womeejlich merken tu', daß du mit jene Jesundheitsjeisha was jehabt hast, kannste was erleben!"

Das Geburtstagsgeschenk

Bollermann und Welutzke haben ‘n ziemlich dollen Arbeitstag hinter sich jebracht, aber diesmal nich mitten inne Stadt, wie jewehnlich, nei ganz am End‘, am Milchpeter draußen, wo drieben all de Kaiserliche Werft is und nich weit davon jene acht Kistenpanzerschiffe liejen, was unsre Marine hier in Danzig so‘n bißchen bullrig vertreten, indem daß jeder ‘n dicken Prächt hat wie ‘n reicher Werderbauer. Ja, da mußden unsre zwei Bowkes dem Tag ieber sich abmarrachen, und ihre Frauensleit‘ hätten se nich mal ‘n Kummchen mit Katoffelsupp‘ und ‘n Stick Pommersche dazu oder auch scheene weiße Bohnen mit Reicherspeck inne Marchttasch‘ rausbringen kännen, weil se gar keine Ahnung hätten, wohin ihre Mannsleit‘ eijentlich rausjeschickt jeworden waren. Als Mittagszeit war, hätten die hungrije Kerle dänn inne ganz kleine Kneip‘ sich erst jeder ‘n kaltes Kottlettchen und dänn auch noch zwei einjelegte Neinaugen, bezähmt. Zum Nachspielen war Axjenbier da und zum Schluß nuscht weiter als ‘n Kimmelchen, was auch noch warm war, rein zum Vergraulen.

Kein Wunder nich, daß Bollermann und Welutzke, als nu endlich der Feierahmd is ausjebrochen, ehe se endjiltig nach Haus‘ schieben, erst in ‘ne andre Kneip‘ jehen, auf Rammbau oder ‘m Hakelwerk, wo se sich ‘ne Wucht Bratskartoffeln mit Riehrei und Reicherschinken bestellen. Weil nu in dies Lokal sogar jen‘ wundervolles dunkles Putzjer Bier wird ausjeschenkt, bleiben die zwei da erst mal vor Anker liejen. Eijentlich fehlt se rein nuscht nich an de wahre Jemietlichkeit, bloß Bollermann schlackert zwischendurch immer wieder mit de Ohren und gnurrt, daß er doch man bloß mächt' wissen, was ihm seine Frau heit' frieh hat jesagt, von wejen besorjen und unbedingt auch noch hinbringen oder wie oder was...

Welutzke will ihm natierlich helfen und zählt nu allens Meejliche auf, von Ackermanns Nähgarn bis zum Bundchen Grien anne Supp', von Klopsfleisch und Lungenhachel bis Wäscheklammern, Klosettpapier und Korellasches Brustpulver. Is aber allens Koks, und Bollermann wird richtig nerwjees: „Wie kann bloß 'n Mensch in meine Jahr' all so bekloppt sind!"

„Auch junge Leit' sind verjeßlich. Gräm' dir man nich, simmelier' noch bißchen weiter, und wenn's dich nich einfallen tut..."

„... dänn beharkt mir mein Eheglick, eiweih!"

„Nei, ich hab 'n Jedanken: Wir plätschern hier noch'n großen Kirfirsten, meinswejen auch 'n Goldwasserchen oder 'n Cordialchen hinterm Knorpel und dänn schlingern wir durche Straßen und beglotzen ein Schaufenster nach'm andern. Wirst schon sehen: miteins weißde, was deine Sieße von dich hat haben wollen!"

„Mannometer, all die viele Fensters von all die viele Läden...!"

„Wer nich will, der hat all. Dänn laß dir man hernach von deine Olle mit's Rubbelbrett vor'm Brejen knallen oder mit's Rollholz!"

„Na, so aasig rabiat kann die gar nich werden; die macht's lieber so mit... mit Stichwörter, weißde?"

„Ach, so von hinten durche Brust im Auge, nich? Das kann meine wunderbar, so von wejen: ‚Ach, mein Liebling hat wieder mal allens verschusselt, weil er weltweite Jedanken mißd' wälzen, was de ganze Menschheit erfreien und beglicken werden!‘ So ähnliche Spritzen verpaßt se mich mit ‘nem freindlichen Lach-chen.“

„Sowas verstehen de Langhaarjen woll alle; is deshalb halb so wild und steckt ja am End‘ immer noch‘n bißchen Liebe dahinter.“

„Eijentlich haste recht. Also ausjelubbert und losjeschaukelt!“

Die beiden ziehen wirklich durch die wohlbekannte Gassen von de Altstadt, aber weil se die so gut kennen, kicken se auch nirjendwo hin und verzählen sich dafier allerlei Wippchens, auch sone, was se selber erlebt hahm. Und se kommen außem Gneddern gar nich mehr raus, bis Bollermann vor ‘ne Destille am innern Fischmarcht stehenbleibt, im Schaufenster zeigt und sagt: „Kiek, son scheenes Buddelschiff mit volle Takelage als Vollschiff oder schicke Bark hab‘ ich mir als Jung‘ all immer jewinscht. Als ich dänn bei de Marine hab‘ jedient, hab‘ ich mich eins in London jekauft, eins in Bremen . . .“

„Na, und wo sind se jeblieben? Haste se zerkeilt?“

„Das eine hab‘ ich ‘nem schicken Schleiserchen in Calais jeschonken, auf‘s andre hab‘ ich mir mal, als ich blau war, draufjesetzt und mich dem ganzen Achterstewen zerpickt mit die aasig viele Scherben.“

„Denn jeh‘ doch hier rein und frag‘, ob se dich jen‘ Dubbaneuchen nich verkaufen wollen!“

„Sowas kauft man vonnem Seemann, was es auch selber jemacht hat, ober ieberhaupt nich! Ich will auch keins nich mehr, weil mein Hausdrachen doch immer bramusern wird‘ von wejen das Ding steht bloß rum und is ‘n Staubfänger, und bei‘s Großreinmachen wird‘ se ‘s bestimmt bald zertäppern. — Aber Mensch, Welutzke: Ollsche und Einkaufen, Schaufenster bekieken, beinah hätten wir das all wieder verjessen! Nu aber nuscht weiter als in jedem Schaufenster jekiekt!“

„Fang‘ wer gleich hier an: Spielzeug, Schulhefte, Kurzwaren . . . !“

„Nee, sowas is es nich jewesen. Schocklad‘, Konfetieren, Bongbongs und Kekse? Hat se auch nuscht von jesagt . . .“

„Ei und hier: Haushaltsjejenstände: Kessel, Triejel, Kastrollen, Feierhaken, Plätteisen, Bolzen, Eierkörbchen aus Draht, Feffermiehlchen . . . ?“

„Unsre streit all lang‘, aber vonnem Miehlchen hat se auch nuscht jesagt.“

„Weißt was? Nu jehen wir auffe Lange Brick! Da is allens zu haben, was ‘n Menschenherz bloß bejehren kann, na nich?“

„Da wirst ja breejenklietrig von all die viele Fensters voll Kleeterkram! Aber wenn ich an meine Sieße denk‘, wie die mir bespeilzahnen wird‘, wenn ich mit nuscht käm‘! Mich wird ganz schwach, und ich bin nu all eierboßig! Mir schuddert richtig, und mied‘ bin ich auch von die viele Nachdenkerei und so.“

„Man immer Kopp und Pirzel hoch! Auf in dem Kampf, Torpehehehedo!“

„Begnedder mir nich noch, du wild jewordner Pomuchelskopp!“

„Ich munter dir doch bloß auf. — Kiek: In jen‘ Ladchen hahmse Kleider, Blusen, Schirzen, Nachtjäckchen . . . Wenn dich‘s Richtje nich einfällt, bring‘ doch sowas als Jeschenk mit!“

„Ihr Jeburtstag is all längst vorbei und Weihnachten noch weit!“

„Siehste, vom feinen Fiff verstehste nuscht. Was ‘n richtjer Kafferlier is, der schenkt auch in de Zwischenzeit — Kadoh heißt das!“

„Fier sowas reichen de Dittchen nich, und ich bin ehmd mehr Kaffer als Lier!“

„Merk‘ ich. Ei, und nu dies Schuhjeschäft, — wolld‘ se

vleicht 'n Paar schicke Sandalchen haben oder Pantoffelchen? Bring' ihr doch sowas als Beruhijungspulver mit!"
„Das wär' heechstens 'n Juckpulver, und se knallt mich de Pantoffeln im Kreiz!"
„Da, 'n Papierladen! Solltste am End' Gratulatzjohnskarten fier Kindtauf' oder Verlobung mitbringen, de neiste Gartenlaub' oder Packpapierböjen?"
„Brissel nich kariert! Bringst mir immer mehr inne Wonz. — Jetzt trittst aber mit mich vor dies Schaufenster hin. Von sowas will meine Sieße warraftig nuscht, aber ich ... Welutzke, hier hab' ich all als ganz kleiner Pisian immer jestanden und mich de Augen rein außem Kopp jekuckt: Neejerspeere, Muscheln, jeschnitzte und bemalte Jötzen, Indianer-Koppschmuck, Leggins mit bunte Franzen dran, Tomahawks, Mokassins, Halsschmuck mit Bärenklauen und was weiß ich ... Du, noch heit' beseh' ich sowas so jern wie damals!"
„Jaja, der Mann, der ew'je große Jung'! Ich bin jenauso. Aber heerste nuscht? Ebend schlägt's vom Ratsturm acht. Nu machen se alle Jeschäfte zu. Jetzt mußde mit Volldampf nachdenken oder kriegst von deine Olle ausjeschmiert. Entweder — oder!"
„Oder! — Was bis jetzt nich is, das kommt auch nich mehr. Aus!"
„N u s c h t is aus. — Soll ich mitkommen und deine bessre Hälft' beschmusen, von wejen was wir mit vereinte Kräfte uns de Köpp' hahm dammlich jeraten und jesucht?"
„Dänn kriegste heechstens zu heeren, daß se all immer dammlich sind jewesen und daß ihr das nuscht nitzen tät'."
„Du, 's wird langsam duster. Nach Haus' kommen wir noch frieh jenug. Auffe Straßen is nuscht mehr los, — beißen wir einem ab?"
„All wieder? Wenn schon, dänn laß uns in de Röpergass' jehen. Da hucken immer paar von de Sackträjers, und da kloppen wir Karten!"
Mit de Kartenklopperei wurd' aber nuscht, weil in jene

orijinelle Kneip' anne Mottlau 'n Haufen Matrosen von „S. M. S. Hertha" vor Anker jegangen waren und nu mit de Sackträjers allerhand Ullei machten, auch Seemannslieder sangen und kreizdolle Erlebnisse erzählten.

Miteins wird ja nu Bollermann all wieder von seine Unruh' jepiesackt werden, er springt auf und peest ab, Welutzke im Schlepptau, denn der läßt ihm nich im Stich. Wie se nu durch's Griene Tor auffe Langebrick' sind jekommen und nu wieder in de Schaufensters kieken, was natierlich längst dunkel sind, kemmt nich weit vom Krantor pletzlich 'n leichtes Windchen auf, und miteins fliejt Bollermann was kiehles Rotes auffem Latz': ne abjerißne Pelargonjenbliete. Der jeht hoch wie mit 'ne Stoppnadel im Podex jepinxert und brillt:

„Nu hab' ich's, nu hab' ich's, und nu is's zu spät! Oh, Lutzkemann, daß mich das passieren mußd'!"

„Was denn? Is dein letztes bißchen Grips nu auch noch gonn? Siehste Jeister oder biste bloß so beschickert?"

„Dieser Blietenstengel sagt mir ..."

„Achottchen, so is es mit mein' Onkel Moritz auch jegangen: Erst hat der Stimmen jeheert, hernach kam er fier immer inne Klapsmiehl'!"

„Biste mittem Klammerbeitel jepudert?"

„I c h? Hat m i c h 'n Blumenstengel was jeflüstert oder hast d u ihm schlabbern jeheert?!"

„Elendes Kanonenrohr! Das war doch man bildlich jemeint! Jen' Pelargonjendingerings hat mich in Erinnerung jebracht, daß ich 'n Blumentopp sollt' besorjen jehen zum Jeburtstag von meine Tante."

„Die Tretschacksche auffem Poggenpfuhl, Ecke Katergass'?"

„Aber nei doch, de nette Tante Ida inne Große Schwalbengass'. Hast ihr doch all kennenjelernt, als wir ihr von de Schilfgass' dahin hahm umziehen jeholfen."

„Ja, die mich Hienfongässenz auf Streizucker eingab, weil ich so'n kratzrijen Hals hätt'. Ich erinner' mir. Das is 'n

Prachtstick und se m u ß einfach 'n Toppchen kriejen, aber leifig! Ich fircht' man bloß, die schnarcht all längst!"

„Um d i e Zeit noch lang' nich, denn ohne die ihre Tabellchen, Benediktinerchen und Brombeerlikeerchen drusselt die keine fimf Minuten."

„Fein, denn her mit's Blumenjemiese und hin bei sie!"

„Hast am End' 'n Topp unterm Schäckert? De Läden sind doch dicht!"

„Bist du aber bekloppt! Is doch allens da!"

„Wo denn? Veräppel mir nich noch, Dammelskreet!"

„Hat dich dein Pelargonjenpirzel denn nich auch erzählt, wo er is herjekommen? Auße Wolken doch nich, nei, aber von da oben, ieber jen' Zigarrenladchen von die nette Witwe Reimann, daher!"

„Na, und? Wie sollen wir da womeejlich 'n ganzes Toppchen angeln?"

Die beiden stehen dicht am Krantor, wo doch ieber die bißchen vorjebaute Jeschäftchen jedesmal sowas wie 'n Dachgartchen is, was de Einwohner vom ersten Stockwerk mit Oleanderbeime im Kiebel, mit wildem Wein und viele Blumentöppchen, große und kleine, garnieren und wo se auch manchmal hinter Efei- oder Bohnenjerank auf kleine Bankchens hucken. Und hier, jerade hier oben, stehen paar bliehende Töppe mit Pelargonien oder Geranjen, was nie einer unterscheiden kann, ganz vornan.

„Nu hab' man keinem Bammel nich", purrt Welutzke, „krauf' mich auffe Schulter, lang' nach oben und schon!"

Das ist gar nich einfach, denn bald schwankt Welutzke unten, dänn wieder Bollermann auf dem sein' Ricken oben, aber miteins hat er doch 'n Pelargonjentopp jegrabbelt, was sogar ippig blieben tut. Nu heißt 's bloß noch, ihm unjeknickt ganz langsamchen auffen Erdboden runterzubalanxieren ...

„He, was machen Sie denn da?!" ruft urpletzlich die Stimm'

vonnem Schutzmann aus dem Schatten, was immer ums Krantor rum is.

„Achottchen, Herr Wachtmeisterchen, kännen Sie einem aber auch erschrecken!“ empeert sich Welutzke. „Mich zittern richtig de Knie!“

„Was Sie da tun, habe ich schon einmal gefragt!“

„Na, sehn Se nich“, kräht Bollermann von oben, „Blumen jießen!“

„Verrückt, was?“

„Nee, bloß verreist, Herr Pullezeiratchen.“

„Wer soll verreist sein, hä?! — Kommen Sie sofort herunter!“

„Aber auf Ihre Verantwortlichkeit!" droht Bollermann, das Blumentoppchen unter'm Arm jeklemmt.
„Keine Ausreden! Kommen Sie endlich!"
Bums, zerrschellt der Topf auf dem Pflaster, als Bollermann abspringt.
„Wollen Sie mir jetzt vielleicht erklären, was Sie da oben?"
„Klar, Herr Pullezeipräsedentchen! Also passen Se auf: Ich hab' meine Tante, was zu ihre kranke Schwester fahren mißt', ihre Blumentöpp' da oben zu jießen versprochen, fest zujesagt. Ebend hab' ich anjefangen, und nu is der da zerkeilt, weil Sie mir zu doll verschreckt haben! — Kost' minimumstens so einsfuffzig. — Was jetzt?"
„Warum gehen Sie denn nicht von der Wohnung aus aufs Dach da?"
„Weil meine Tante verjessen hat, dem Schlissel untre Fußmatt' zu legen und ihm als ordnungsjemäße Frau hat mitjenommen."
„Und das soll ich Ihnen glauben?"
„Meinswejen nich. Se kännen ja auch meinem Freind fragen. Aber auf alle Fäll' jeht das scheene Töppchen auf Ihre Kosten!"
„Ähem! Nun, wie ich feststelle, ist die Pflanze ja ganz geblieben und nur der Topf kaputt. Sollte da oben nicht am Ende noch ein Reservetopf . . . ?"
„Reserve hat Ruh! I c h kriech' nich nochmal raufer. Am End' kemmt noch einer von Ihre Kollejen und erschießt mir als Wilddieb, und ich fall' auf dem Felde der Tante, nee, nee!"
„Na, Sie schwanken auch etwas, und Ihre Fahne . . . !"
„Nuscht jejen unsre Fahne nich! Da steht Majestätsbeleidjung drauf!"
„Schon gut! Stellen Sie sich bitte dicht nebeneinander: Ich will versuchen, das selbst zu erledigen. Die Pflanze reichen Sie mir nach!"
„Scheenchen, Herr Wachtmeisterchen", grinst Bollermann.

Die beiden lassen den alten Soldaten aufentern und erst die Rinne, dann das Dächlein erreichen . . .
„Auscheiden!" kommandiert Welutzke, und nullkommanuscht sind die Leschacks durchem Krantor ausjebixt. Von de Breitgass' scheesen se durch de Bootsmannsgass', Seifen- und Hosennähergass' bis auffen Langenmarcht, wo se keichend ankommen, Bollermann immer noch mit jene ganzjebliebne Pelargonje inne Hand . . .
„Nu bloß noch 'n neies Töppchen", lacht Welutzke, „und de Tante Ida kriegt ihr Jeburtstagsjeschenk!"
„Woher nehmen und nich wieder stehlen?!"
„Von Stehlen is keine Red' nich, denn de olle Reimannsche, wo wir alle beid' jeden Tag unsre Tobbakartikelchen kaufen, kriegt doch morjen 's Blumentoppchen mitsamt 'ne feine Erklärung inne Hand jedrickt! Und jetzt, tjä, Bollermann, sperr' doch de Augen auf, dänn siehste de Rettung all winken!"
„Wieso bloß nich gleich?!" kloppt Bollermann sich vor de Stirn und schiebt auffe andre Seit', wo mehrere Restaurangs hahm Blumentöpp' ringsum auf ihre Beischläg' stehen.
„Wir Dussels", sagt Welutzke, „klettern erst wer weiß wie hoch und lassen uns vonne Pullezei schlängen, und hier stehn die Jeburtstagspöttchen all parat!"
„Los", befiehlt Bollermann, „hin zum ‚Restaurang Hohenzollern'! Vornehmer jeht nich! — So, und nu nuscht als einfach denen ihr Nelkchen raus und unser Geranchen rin und ab! Denn hahmwer bloß das leere Tontöppchen auffem Jewissen; das drickt nich so. Der olle Fritz und alle iebrije Hohenzollern werden 's uns verzeihen. Fehlt man noch 'n Handchen voll Erd', aber die . . ."
„ . . . grabschen wir auffem Winterplatz vom Blumenbeet, und schon!"
„Hast recht, und nu auf und hin!"
Nachdem auch das jeschafft is, marschieren se ieber Lastadie, ieber de Asch- und Thornsche Brick' und biejen nachher in

de Almodengass' ein, von da ieber de Schleusengass' endlich in de Schwalbengass' ... „Das is ja rein beim Deiwel auf de Rinn!" gnurrt Welutzke. „Wo wohnt se denn nu, deine Tante Ida?"

„Wart' man bißchen! War so'n niedrijes Hauschen. Ich bin all lang' nich mehr bei se jewesen, aber se wohnt paterr und am Fensterchen neben de Haustier' hat se allens voll Blumentoppchens stehen ..."

„Na, endlich! Kiek, Boller, se hat sogar noch Licht an!"

„Jaja, von wejen ihre Benediktinerchen und Franziskanerchen, was se immer einnehmen muß, eh' se einschlafen kann. — Ob ich lieber erst ganz leis-chen an de Scheib' bullern tu, statt daß ich ihr mit's laute Klingern am End' verschrecken tu'?"

Bollermann klimpert also an de Scheib' ... Da wird de Gardin' drinnen bißchen zurickjenommen, aber was erscheint, is nich das griese Koppchen von Tante Ida, nei, das is 'n nackter Frauenarm, was bloß sehr deitlich mittem Daumen nach de Haustier' nebenan zeigt ..."

„Die is aber noch gar nich vom Fleisch jefallen!" staunt Welutzke.

„Wundert mir auch sehr von wejen der ihre achtunsechzig Jahr."

„Na, nu jeh' man rein! Ich wart' hier bisde wiederkemmst!"

Bollermann jeht durche Haustier' im Flur, wo so'n kleines fixniedliches Petroljumlampchen anne Wand bammelt. De Wohnungstier' hat Tantchen all 'n Spaltchen aufjemacht. Se selber is nich zu sehen. Zieht sich woll gerad' noch 'ne Nachtjack' ieber ...

Bollermann lauert noch 'n Momangchen, dänn macht er jene Tier' w e i t e r auf und kiekt umme Eck in de Stub' und direkt im Bett, was sauber jemacht und einladend aufjeschlagen is. Bloß Tante Ida is immer noch nich da. Also schult Bollermann in de andre Eck' wo 'n großes Spind steht

und daneben 'n Frauensmensch innem rosarotem Hemd oder wie oder was ohne Ärmel ... Tante Ida is das aber nich!

„Na, Kleiner, biste so schichtern? Was' und 'n Blumentoppchen haste mitjebracht? Was willste denn mit sowas hier? Und ohne Manschett' und ohne Papier? Dem haste doch wo jeklaut, Luntrus?!"

„Ganz so doll eijentlich nich, und eijentlich mecht' ich ..."

„Halb jeklaut, is doch jeklaut. Na, stell' ihm inne Eck, und was du sonst willst, weiß ich ja. Also, nu mach' endlich de Tier' zu und dänn komm, langweil'jer Pisian!"

"'tschuldjen Se, Freileinchen, aber ... Eijentlich wolld' ich bei meine Tante Ida, was heite ihrem achtensechzigsten Jeburtstag feiern tut ..."

„Ach, zu meine Wirtin, zu Frau Ida Strehlke, wollen Se? Dem hahm wir scheen jefeiert, dem Jeburtstag, und se liegt all lang' im Bett, ohne ihre Schlaftabellchen, aber mit sehr viel Rosenlikeerchen und so. Se kennen ihr schnarchen heeren."

„Jeht auch ohne. Aber wie kriegt se nu 's Jeschenk und eins mit's andre ...?"

„Ganz einfach: Morjen mach' ich 'n Manschettchen um's jestriezte Blumchen und ieberreich' ihr das mit viele Grieße von ihrem verspäteten Neffen — na, wie werden Se schon heißen?! — Franz, nich?"

„Sagen Se am besten: Von Bollermann und Frau, ja?"

„Ach, verheiratet sind Se auch? Hahmse Ihre Frau draußen jelassen? Vleicht is se das, was immer durchem Spalt von de Gardin 'schielen tut? Denn jrießen Se ihr man von Laura. Aber se wird sich bedanken."

„Wieso? Draußen steht mein Freind, was mitjekommen is. Der wartet, bis ich wiederkommen tu."

„Is der am End' auch verheiratet?"

„Is er, all viele Jahr'."

„So? Denn hau man ab! Ein Ehemann drinnen, einer draußen, das macht's ganze Jeschäft kaputt!"

„Ja, adjeh Freileinchen, — Freilein Laura — und ich dank' auch scheen, daß se so lieb sein wollen!"
„Lieb? Was meinste, wie lieb ich sein kann! — Nu aber nuscht wie raus und bei deine Ollsche, sonst ... !"

*

„Na, wie hat se's denn aufjenommen, das Jeschenk? Und war se nett zu ihrem Neffen?" fragt Welutzke.
„De Pelargonje steht inne Eck' bis morjen. Nett war se, aber se hat jesagt, durch de Blume, ich wißd' gar nich, w i e lieb se sein känn't."
„So spricht aber eijentlich keine älterhaftije Tante nich, du!"
„Nei, warraftig nich."

Goldherz und Giftzahn

Frau Kielmann steht auf von ihre olle Holzbank, wo se bloß so'n kleines Kissen drauf liejen hat, und schlägt paarmal mit Macht ihre Arme umeinander und dänn reibt se sich de Händ', denn ihr friert firchterlich. Kein Wunder nich, denn bei zehn, zwelf Grad Kälte und steifem Nordostwind auffem Danzjer Fischmarkt hucken, das soll der Deiwel auffe Dauer aushalten! Is richtig 'ne Qual sowas. Nu bind't sie sich dem dicken schwarzen Schal noch fester ieber dem weichen schwarzen Flutthut, damit daß auch de Ohren bißchen wärmer werden, se kiekt noch mal rasch rieber nach de Schieke und de Prodehl ihre Ständ', wieviel Spaltaal und Rundaal die noch liejen haben, dänn seifzt se so recht tief von unten rauf und kluckt sich wieder in ihre Eck' am Buttertor hin. Ja, und weil das hier all seit Jahrhundertchen so wird jehandhabt, ruft se ihre Ware aus: „Scheene Flundern, Madamchen, frische Zander, Hecht? — Kommen Se her, junger Mann, bezähmen Se sich 'n Bundchen Aal! Kännen Se auch Ihrer Braut mitnehmen. Bekämmt se besser als immerzu bloß Schocklad! — Is nich, nei?"
Aber der junge Herr latscht ebenso vorieber wie jene Hausfrau und viele andere. Sind ehmd bloß Seh-Leite, keine Kauf-Leite nich. Bei die viele Ständ' allein schon zwischen Häkertor und Tobiastor, und dänn auch noch ummen Schwanenturm und's ganze Brausende Wasser rum, dänn noch auf die viele Kähne — wie kännt' einer da nich rein

wischig im Kopp werden von all die viele Ware und von's Jeschrei ieberall! Jibt freilich auch Kunden, was woll bißchen kieken jehen, aber zuletzt steiern die doch immer die eine oder zwei Fischfrauen an, bei die se all viele Jahrchen kaufen tun. Auch manche Männer machen das so, solche, was Rentier leben, pengsionierte Beamte, was vleicht Lotsen, Strompullezisten oder auffe Werft sind jewesen und fier ihre Frauen bloß darum so jern jehen einholen, weil se bei die Jelejenheit wieder an ihr jeliebtes Wasser kommen. Aber der Olle, was nu bei Frau Kielmann ihrem Stand ranjeschlurrt kemmt, der is nie nich Beamter jewesen, der hat auch 's Leben lang jearbeitet und sich abjemarracht mit seine Frau innem kleinen Ladchen auffem dritten Damm, bis sich ihnen 'n Großkotz vor de Nees' setzd' und de Kundschaft wegnahm, daß se zumachen mußden. Dänn kam de Inflatzjohn, und da waren se arme Prachers jeworden.
Kielmannsche kennt die zwei beid' all sehr lang', aber se kommen man selten hierher, und einer hat immer's Jefiehl, daß se sich schämen, bloß nach 'm Preis zu fragen oder gar zu handeln. Also wird der alte Mann am besten ranjerufen: „Ei, Herr Grabowskychen, auch mal wieder unterwejens? Leben noch frisch?"
„Ach, Frau Kielmannchen, wenn's man bloß nich so kalt mächt' sein!"
„Is wahr, is wahr. Ihn' kleckert warraftig de Nees'! Aber was meinen Se, wie unsereins hier bibbert 'n Tag ieber! Und dänn noch die dicke Finger von de Salzlak', na, ich kann Ihn' sagen! Das brennt und tut schmerzen . . . !"
„Ich hab' Ihnen all immer bedauert bei sone aas'je Kält' und ewig so im Zugwind. Aber kännten Se sich nich bald mal zur Ruhe setzen?"
„Wissense, unsereins, ich mein' wir von die Alten, wir hucken auf unsre Bank bis wir nicht mehr weiterkännen. Sind all viele hier jestorben. Oben in unsre kleine Dachstub' außem Fenster kieken und de Dampfers und de Meewen

bloß von ferne heeren, das is nuscht nich fier einem, was sein Leben hier hat zujebracht, nee, nee. — Na, das wie das, Herr Grabowskychen, aber wie jeht's denn Ihnen so?"

„Äh, immer 's Reißen inne Glieder, und mittem Herzen hab' ich auch was! De Dokters sagen einem ja nich richtig, was los is, und immer Troppens und Pillchens runterwirjen is auch nich anjenehm."

„Warraftig nich. Aber Se hahm ja auch schon 'n scheenes Älter auffem Puckel, nich?"

„Neinensechzig bin ich all. Werd' woll bald abnubbeln ..."

„Pscht, pscht! Von sowas darf einer gar nich erst schlabbern! — Ei, und was macht de Frau? Hab' ihr lang' all nicht mehr jesehen."

„Die is mich doch vorchtes Jahr all jestorben!"

„Achottchen nei! Wie is das denn jekommen?"

„Äh, die hatt' s' all immer mitte Fieß jehabt. Jing so unsicher! Miteins is se dänn bei Glatteis bei uns in de Heiljegeistgass' de Beischlagstufen runterjeschorrt, weil nich jenug jestreit war jewesen, und hat sich deicht anne Hift' wo was jebrochen. Kam im Diakonissenkrankenhaus. Da hat se noch drei Tag' rumjequiemt, und dänn war's vorbei. Verloschen wie so'n armes Stearinstummelchen, ja ..."

„Tut mich aber leid, Grabowskychen! Und nu sind Se ganz allein?"

„Nei, bei meine Tochter bin ich, was doch das Marjellchen hat, die kleine Marie. — Kennen Se ihr nich auch?"

„Jaja, die kleine Muggrije, was immer so husten tut! Hat ehmd ein jeder sein Pacheidelchen zu schleppen, nich? — Na, was soll's heit' sein, Grabowskychen? 'n Bundchen Aal vleicht?"

„Wie teier sind die Dinger denn?"

„Na, fier Ihnen einsfuffzig."

„Hurrjees, das kann ich je nich! Ei, und de Bickling'?"

„Heit' frieh frisch aus Neifähr jekommen, Fund acht Dittchen."

„Kännt' ich dänn vleicht so'n scheenen dicken mit richtig viel Rogen kriegen, Frau Kielmannchen?"

„Aber ja doch, 'n Drugglichsten aus de ganze Kist'. — So, macht zwanzig Fennig!"

„Was, bloß zwei Dittchen? Hahmse sich denn auch nich verrechnet bei dem dicken Dubbas?"

„Neenee, verrechnen is nich! So, und da is auch noch 'n Handchen voll Sprotten fier das Enkelchen, was immer so husten muß!"

„Dank' auch scheenchen! So, hier hab' ich auch all die zwei Dittchen vorjepult, wenn's wirklich jenug sein soll?!"

„Allens in Butter. Dafier rupf' ich de nächste reiche Madam! Und wenn Se wieder mal sich was bezähmen wollen, — de Kielmannsche is immer fier Ihnen da. Wiedersehn, Grabowskychen!"

„Wiedersehen denn! Zahl's Gott!"

Ein Weilchen blickt Frau Kielmann noch dem Ollen nach, wie der, ein glickliches Lächeln um de dinnen Lippen, durchem Tor abzieht, dänn ruft se wieder ihre Ware aus: „Scheene frische Flundern, Lachs, Hecht? — Spaltaal, Stremellachs, Stör?! Immer ran, Madamchen! Na, was soll's denn sein?"

Es is 'ne große, bißchen zu schlanke Madam, was durchem Lorchnong, was se annem goldnen Kettchen bammeln hat, de Ware bekieken tut. Dänn fragt se: „Was kostet S-tör? Dieses S-tück?"

„Werden wir gleich hahm", sagt Kielmannsche und wiegt ab. „Macht dreizwanzig, Madamchen."

„Es ist mir aber viel zu groß. Alle S-tücke sind so gewaltig. Warum das, liebe Frau?!"

„Weil der liebe Gott diesem Steer hat drei Meter lang werden lassen. Von so'nem feisten Dubbas kannste keine kleine Stickchen runterfummeln. 's wär viel zu schade."

„Und warum fängt man denn nicht kleinere S-töre?"

„Weil wir froh sind, wenn ieberhaupt welche jefangen werden!“
„Natürlich, bloß um möglichst viel zu verdienen! — Was kostet S-tremellachs? Dies S-tück da möchte ich haben!“
„Is ‘n feines Bauchstickchen. Macht zweifuffzig!“
„Das S-tück ist mir aber viel zu fett!“
„Nehmen wir ehmd ‘n mageres! Läßt sich allens deichseln. — Dies?“
„Na, nun machen Sie schon! Wiegen Sie‘s endlich ab!“
„Macht einsneinzig.“
„Einsneunzig? Für so ein kleines S-tück? Kommt gar nicht in Frage. — Preise sind das hier! Wie teuer stellt sich ein Bund Aale?“
„Einssechzig.“
„Aber die sind ja so schrecklich kurz!“
„Na, so lang wie de Madam kännen se ja doch nich ausfallen!“
„Werden Sie nur nicht noch unverschämt! Wissen Sie eigentlich, wenn Sie überhaupt vor sich haben?!“
„Aber g a n z jenau! Sowas lernt sich mit die Jahre.“
„Na, also! Wiegen Sie mir mal ein Pfund Bücklinge ab, von der Sorte da hinten, die so halb versteckt stehen!“
„Ich versteck‘ nuscht nich, ich zeig‘ Ihnen allens, was ich hab‘!“
„Nun, wieviel S-tück sind das jetzt?“
„Jenau fimf Stick.“
„Wie soll man das nun wieder einteilen? Sie sind einfach zu klein!“
„Kieken Se doch durch Ihre goldne Stengelbrill‘, dänn sind se gleich greeßer!“
„Was heißt das nun wieder? Ihr Dialekt ist nicht zu verstehen! Tja, dann bleiben nur noch die S-protten übrig. Wiegen Sie ein halbes Pfund ab! — Kostet?“
„Dreißig Fennig.“
„Dreißig Pfennig? Aber die sind ja so dunkel, — verbrannt

sind sie! Nun, geben Sie sie schon her, für meine Angora! — Ihr versteht hier in Danzig nichts vom Räuchern, das ist es!"

„Wer Ihre Aurora is, das weiß ich nich, aber reichern . . . ? Ihnen mächt' ich schon reichern, wie damals de Hexen auffen Scheiterhaufen! Vleicht käm' doch noch 'n bißchen Fett rausjequiddert, Sie aufjeplusterte olle Kräh' dwatsche!"

„Was unterstehen Sie sich, Sie . . . Sie . . . ?"

„Was wollen Se dänn sagen, hä? Vleicht olle Schrull', olle Zipp, Schucherlies', Zulter?"

„Verschonen Sie mich mit solchen Unflätigkeiten! Haben Sie denn keine Achtung mehr vor S-tand und Vermögen?!"

„Dieser Stand is meiner, und hier verlang' ich Achtung! Und Vermeejen? Daß ich nich gneddern muß ieber Ihnen Ihr Vermeejen! Deiwel noch eins: Stellt sich sowas schiefnasig her, begrabbelt mich de Ware, nörjelt ieber allens und hat am End' noch nich mal 'n paar Plauzfennje in de Fupp, sich was Orntliches zu bezähmen!"

„Das . . . das ist eine unerhörte Beleidigung, Sie freches Weib!"

„Weib? Was? Biste noch nich weg, du langes Lachodder? Ich werd' dir helfen, 'ne arme alte Fischfrau kujenieren! Hauste ab oder dich knallen zwei Fund frische Aal umme Fräß, daß dich deine falsche Zähn' wie Leichtkujeln auße freche Schnauz' fliejen!"

„Hilfe! Hilfe! Polizei!"

„Du Sponathlet und Knochenjerist, da hinten wo am Schwan, da steht immer 'n Schien. Pees' man hin bei dem! Der steckt dir dänn gleich im Loch als jemeinjefährliche Kreizotter!"

Ede und Emil

Ede und Emil gehörten zur uralten Zunft der Danziger Sackträger, auch Kornträger oder Kornwerfer genannt, die ihren Arbeitstag auf der Speicherinsel verbrachten und ihren Feierabend oft genug in ihrer Zunftherberge in der Röpergasse, wo ja auch die Holz- und Gewürzkapitäne, die gleichfalls vereidigten Kornwerfer und manche Schiffskapitäne und Steuerleute, Lotsen und Strompolizisten gern verkehrten, ehe sie, falls sie verheiratet waren, mehr oder weniger mit Schlagseite zu ihren Ehefrauen heimfanden. Manchmal machte sich das Kneipenleben in der Röpergasse noch am nächsten Morgen bei den Sackträgern bemerkbar, wenn sie erst einen seelischen Anlauf nehmen mußten, ehe sie ihre Schwerarbeit vor und in den alten Speichern wiederaufnehmen konnten, die übrigens seit alters so seltsame Namen trugen wie etwa Graue Gans, Roter Lau, Pelikan, Karschbeerbaum, Jakob, Adebar, Einigkeit...

Vor dem Speicher zum Engel nun treffen die beiden unzertrennlichen Freunde sich eines Morgens auf dem Langen Lauf, wo der Danziger Frachter „Marie Therese" festgemacht hat, der Getreide laden will. Emil betrachtet Ede erstaunt und legt los: „Wie siehste denn heite bloß aus?! Bist ja ganz jelb und grien im Jesicht!"

„Na, wenn ich das wo anders wär, kännt'st 's ja auch nich sehen. Hauptsach', ich bin wenigstens nich blau."

„Nich m e h r , meinste woll! Aber nu weiter: Woher haste

die Verschimpfierung auffe Backen und ums treie Portweinauge ringsum? Is das am End' Jelbsucht?"
„Aber nei, das is 'n Zusammenstoß!"
„Mannchen, mit was denn bloß? Mit 'nem Auto?"
„Nei."
„Na, mit was denn aber sonst? Nu red' schon!"
„Laternenpfahl."
„Dänn warst am End' duhn?"
„Zuwas immer gleich's Schlimmste glauben? Ich hätt' mir gerad' ieber meine Olle jeärjert ..."
„Aber deine Olle is doch immer so nett!"
„Das meinst du. Aber mir ärjert se mit ihre dammlije Pischamellkatoffeln, was se alle Neeslang machen tut. Kennst doch die schuckerne Stoofkatoffeln, so'n Bulwenjequalster, so'n Schlamm mit nuscht nich drin als was einer erst reinmachen muß, so Resterchen oder 'n Stick Wurst, was ohne das doofe Jestoofe viel besser schmecken tut!"
„Klar, kenn' ich. Macht meine Sieße auch, aber ich ärjer mir nich."
„Aus lauter Liebe schluckste woll allens, was?"
„Ich jeb' mich wenigstens Mieh'."
„Ei, er dir, der Mustermann! Du, ich jeb' mich auch oft Mieh' jenuch, aber miteins, wenn se all wieder ihre Katoffelglumse im Topp hat und ich riech' das bloß auffe Trepp', dänn wird mich's zu eng ummen Schlunk, ich reiß mich's Brettchen untre West' vor und brasch'los, daß mich rein de Quint' platzen tut ... !"
„Ach, und so haste nu neilich auch losjeballert?"
„War noch viel doller: Ich ... ich komm also so mächtig inne Wonz, daß ich ... daß ich — eins, fix, drei — de Pfann' vom Herd reiß und an de Wand schmeißen tu', daß allens inne Kich rumschmaddert. Eh' se erst nach's Nudelholz oder nachem Katoffelstampfer langen kann, hau ich all ab und außem Haus."
„Natierlich in 'n Freßlokal oder wo?"

„Na, solld‘ ich vleicht nachem Eichamt laufen, mir auffem Standesamt beschweren oder beim Frisöhr rennen?“

„Nei, aber hätt‘s nich jeniegt, wenn dich bloß hättst de Fieß vertreten, wo auffem Hagelsberg oder in de Allee, und wärst dänn zu deine Olle zurickjegangen, vleicht mit paar Kottlettchen, wo unterwejens beim Fleischer hätt‘st einjekauft? Oder mit ‘m Fund Wienerchen oder Bockwirst‘?“

„Hagelsberg? So ‘ne Anstrengung? Ich bin doch kein Alpinist nich. Auch kein Langstreckenleifer, von wejen Allee und so. Und erst einholen jehn? Wann wär‘ das dänn fertig jeworden, wenn meine Ollsche erst ihrem Bock hätt‘ jekriegt oder wär‘ womeejlich auch noch abjehaut?“

„Ich mein‘ ja man bloß. Wozu sich immer gleich aufribbeln?!“

„Ich war aber all wie mit Paprika jeimpft. Dänn kann mir keiner mehr bremsen, ich selber am wenigsten, verstehst?“

„Da lachen ja de Suppenhiehner! Du schießt einfach im Wind, als hättst dir auffem heißen Plättbolzen jesetzt und weißt selber nich, was de nu bereißen wirst?“

„Jawoll. Und nu heer‘: Wie ich da so hinlatsch‘, Händ‘ in de Fupp, Nees‘ im Dreck, steht da miteins einer, und ich renn‘ jejen ihm!“

„Am End‘ der Käseberg oder die Silznees‘, der Koslowski?“

„Quatsch, doch jen‘ besagter Laternenpfahl!“

„War aber doch noch heller Tag, nich?“

„Na, meinst vleicht, jen‘ Pfahl war morjens nach Haus‘ abjehauen und wolld‘ in de Gasanstalt pennen?“

„Daher also dein grienjelbes Jesicht?“

„War ja nicht g l e i c h so. Erst hätt‘ ich ‘ne mächtje Brusch!“

„Na, und dänn?“

„Jing ich einem abbeißen, weil ich nu noch wietender war.“

„Wo warste denn? Stadt London? Alte Schloßbrauerei?“

„Ob Stadt London, Langer Heinrich oder Sieße Freß, weiß

ich doch gar nich mehr. War ehmd ‘ne Kneip‘ wie jede andre auch, mit ohne Damenbedienung und so.“

„Aber mit Kimmelchen und Kornchen, Axjenbier, kalte Klopse . . . ?“

„Meinste, die hätten da was andres als unsre Danz‘jer Kultur, so von wejen Machandel, Goldwasser, Kurfirsten, Konjack?“

„Und dänn haste dir so durche ganze Kultur durchjelubbert, nich? Wie ich dir kennen tu‘, kannste ja gar nich anders.“

„Wird woll auch so jewesen sind.“

„Und dänn?“

„Jing ich.“

„Und dänn?“

„Und dänn, und dänn! Du fragst einem de Koddern vom Leib wie‘n Krimchen! — Also dänn traf ich ‘n Schleiserchen, ‘n schickes. War so‘n richtjes Marinekäferchen, ‘n blondes.“

„Vleicht de Grete Kowalske oder die forsche Steppuhnsche?“

„Nei, dem Willi Prodehl seine Ältste!“

„Die is doch vorchten Monat in de Ehe reinjetreten!“

„Wie soll ich das wissen? Hahm mir keine Kart‘ nich jeschickt. Also ich hakt‘ ihr ein und sag‘, ‚Hulda‘, sag ich, ‚siehst hibsch aus heit‘! Komm, wir zwei beid‘ jehen erst mal im Kino, und dänn lad‘ ich dir inne Konditorei ein, zu Tortchen mit Schlagsahn‘ und Likeerchen‘!“

„Und kam se mit, de Hulda?“

„Was soll ich erzählen — das Kreet dreibast‘je will partuh nich. Ihr Alfred, sagt se, der mächt‘ ihr sonst bereestern. Na, das bringt mir natierlich inne Wonz. Und ich fang‘ erst recht Feier. Wie ich ihr nu so bißchen erst am Armchen beknill‘ — vleicht will ich se auch all einem aufdricken —, miteins jibt‘s ‘n Knall, und . . .“

„. . . und du bist hinjeschorrt?“

„Aber nei doch! Mir packt einer von hinten am Schäckert,

ich verlier' de Balanx und bums' mittem Kopp wieder jejen 'm Laternenpfahl!"

„Jejen demselbigten?"

„Weiß ich? Die Biester sehen ja meist alle gleich aus."

„Und dänn?"

„Und dänn, und dänn! — Bohrste all wieder?"

„Schucker! Erst machste einem jibbrig drauf und dänn kemmste wie 'ne Fliej' außem Mustopp raus, so schluckzessive und pee-a-pee!"

„Also, wie ich mir nu wieder hochjerappelt hab', is er weg."

„Jen' Pfahl?"

„Nei, der ihr Alfred doch. Und die hibsche Hulda auch."

„Du, das allens kemmt vom Saufen!"

„Und wenn ich dir sag', daß se beide ganz nichtern sind jewesen?!"

„D i e ja, aber d u doch nich!"

„Wie willste das denn wissen? Warst ja gar nich bei!"

„Ich weiß ehmd, daß d u das n i e nich weißt. Auch jetzt wieder haste dich doch de Schlorren volljeschäppt! Oder vleicht nich?"

„Was soll ich haben?"

„Jenug haste. Voll biste. Merkste's denn warraftig nich?"

„Wieso? Schwank' ich vleicht? Ich sing' ja noch nich mal!"

„Na, wenn du erst singst, tun mich all die armen Tierchen leid!"

„Was fier Tierchen denn? Meinste die sießen Viehchen, die Mariechen und ieberhaupt de Schleiserchen?"

„Dussel! Hunde, Katzen, Tapetenflundern und so . . ."

„Ei, und die arme Menschen, die das anheeren missen, nich?"

„Die sind doch am Krach jeweehnt, von die viele Autos."

„Am End' vergleichste mir noch mit'nem Auto?"

„Klar, Ede. Wieso nich? Du machst jenau so'n Krach und stinkst ebenso!"

„Nu brat' mir einer 'n Storch! Ich und laut und stinken?!"

„Wenn du singen tust, klingt das wie 'ne verstoppte Hup', und aus de Freß stinkste nach lauter Alkohöler."
„Pfui Deiwel! Und sowas will mein Freind sein?!"
„Wollen will ich ja gar nich, aber ich muß ja!"
„Wieso denn das nu wieder? Prickt dich der Hafer oder was is?"
„Ih wo, ich muß ehmd, von wejen die Bewährung in de Not."
„Wennher? Biste rammdeesig? Bin ich am End' in Not?!"
„Heer' man gut zu: Deine Not is, daß dir de Bierchen und de Fusel viel zu gut schmecken und ..."
„Tun se auch. Und das soll schlimm sein?"
„Das nich, aber was dänn hinterher allens kemmt, das is schlimm. Dänn machste nämlich lauter dwatsches Zeig, wie mit de Hulda und so!"
„Dafier hab' ich doch nu auch dem Schaden. Aber was is schon dabei? Wenn ich nich mehr hab' verbrochen als das kleine bißchen?!"
„Haste aber!"
„Niemals nich. Kannst dir drauf verlassen!"
„Ei, er dir! Hast woll ganz verjessen, daßde damals bei Groß-Zünder, als du op Kingelbeer bei deine Schwester bist jeladen jewesen, dem Kleinbahnzug hast anjehalten ... !"
„Aber doch man bloß, weil' 'ne bleede Kuh auffe Schienen stand."
„Die du aber erst mit viel Zureden und dänn mit Jewalt da hätt'st raufjezerjelt! — Und was hast nich auch sonst all in deine Duhnität so berissen!"
„Haste Teene?! Meensch, das is doch all sooo lang' her! — Was meinste eijentlich, Emil?"
„Na, wie du damals in Zoppot — du, da bin ich bei jewesen! — Morjens frieh um Uhrer vier hast jene Bierleich' auffem Seesteg in dem Strandwärter sein' vierrädrijen Wagen, wo der immer seine Strandkörb' transportieren tut, immer auf- und abjefahren! Alle Kurjäst' und was noch so

von jestern war iebrig jeblieben, und was dem Sonnenaufgang wollden jenießen, die mißden hinterherlatschen und greelen: ‚Und nu trinkt er keinen Rotspon mehr...' — Mich kratzd' es all wie doll inne Gurjel davon!"

„Warraftig, ich entsinn' mir. Das hat 'n ganzen Daler Straf' jekostet, von wejen effentliche Ruhesteerung und groben Unfug, wo doch kein Aas nich war, was Ruh' wolld' hahm und sich ieber jen' Unfug alle rein haben beßruchelt, na nich?"

„Dänn wieder haste mal in der Hopfengass' nachts, da wo doch jene Drehscheib' is, drei leere Loren, zusammen mit noch drei Duhnasse, quer ieber de Straß' jeschoben und dem Verkehr verstoppt!"

„Du warst vleicht verstoppt, der Verkehr nich, dänn um die Zeit is da nie nich was los. Und was das fier'n Stick Schwerstarbeit is jewesen, davon sagste kein Wort!"

„Aber Arbeit anne verkehrte Stell', du Lachodder, dwatsches! Und hätt' kännt' n' Unglick jeben!"
„Ih, ich hab' immer bloß Jlick anjestift't, so wie ich doch hab' dem Glumskopp, dem Gustav und dem seine Ollsche in Heibud' bei's Brilljantfeierwerk zusammenjekuppelt . . ."
„Was? Du? Die? Aber die jingen doch all lang'. . . "
„Was hahmse von's Jehen jehabt, hä? Nuscht nich als Verlejenheiten und rote Köpp'. Dänn bin i c h jekommen und hab' se bequasseln und anfeiern missen, jedem in 'ne andre Eck, eh' daß se dänn so langsamchen sind richtig munter jeworden. Hintre Fichten, wo's am dustersten is, da hat er ihr 's erste Mal beknillt und sie ihm im Ohrläppchen jebissen — hat er mir hernach jezeigt! — Aber vorher, da waren se so schichtern wie neujeborne Lämmer. Nach meine Kur erst sind die richtig wach jeworden und sehr bald in de Ehe reinjetreten!"
„Na, scheen, aber . . . !"
„Was denn n u noch? Hast dir alle meine Sinden aufjeschrieben?"
„Die hab' ich im Kopp. — Das dollste war je woll, wie du damals — wir waren im Restorang ‚Zu de drei Grazjen' am Langgasser Tor jewesen — auffem Beischlag vorm Artushoff erst all deine Klamotten einzeln hast ieber de Bristung jeschlängt — ich ahnd' ja nich, was nu fier'n Marreiß machen wird'st! — und dänn einsachzehn bist auffem Brunnen jeklettert . . ."
„Ich? Ieber'm spitzen Eisenjeländer und die eiskalten Steiners?"
„Jawoll, du ieber all das drieber mittem Wuppdich wie'n Domniksaff aufem Leierkasten! Ganz oben haste dänn auffem Neptunsbrunnen bei Mondschein als Nackedei jebadet und mit die viele Wasserstrählers die unschuldje Zuschauers und am End' auch noch dem Polyp, dem dicken Bruhnke, bespritzt . . ."
„Stimmt, bloß du bist immer 'n Stick Engel jewesen, nich?"

„So? Bin ich ihm nich nachjeklettert, als er dir wollt‘ greifen, hab‘ ihm heimlich am Stiebel jegrabscht, festjehalten und im großen Plantschtriejel reinschmoren lassen? Hat der da drin nich so lang‘ jestrampelt, jespuckt und jeschimpft, daß du känntst deine Klamotten retten und dir rasch verzinken? Stimmt‘s oder is es wahr?“

„Stimmt. Aber nu is jenug von meine Sinden und Fijuchlichkeiten!“

„Biste also zu die dollsten Dinger fähig oder nich?“

„Bißchen vornehmer kännt‘st dir ja woll ausquetschen!“

„Äh, hast ja bewiesen, daßde immer wieder bist rickfällig jeworden in deine Duhnität oder wenn dich sonst der Hafer prickt!“

„Is ja meejlich, aber . . . ?“

„Ja, ehmd daderwejen muß ich nu dein Freind sein und bleiben!“

„Aber zu was dänn bloß, Emil?“

„Um daß ich ‘s Schlimmste noch kann verhindern, drum!“

„Hurrjes, hab‘ ich dänn jemals sowas Dolles jewollt?“

„Weißte denn auch schon wieder nich mehr, wie du damals im Brösener ‚Seestern‘ hast jenem fixniedlichen Kapellmeister, was wie‘n wild jewordner Heister tat mitte Arme und Beine schlackern bei dem sein‘ Dirijieren, die Jeij‘ iebrem Breejen ballern wollen, bloß weil der Schietinnebix sich weijerd‘, fier dir allein ‚Puppchen, du bist mein Augenstern . . .‘ zu spielen?“

„Total verjessen! Und du? Haste mir wieder jebremst?“

„Klar, erst grabscht‘ ich dich dem teiren Streichdubbas auße Finger, dänn kloppd‘ ich dir mit dem sein‘ Taktstock auffem Kopp, bis du wieder dicht warst und . . .“

„Das nimmt ja gar kein End‘ nich, du!“

„Weil dich immer neie Dreibastigkeiten einfallen tun, d a r u m nich!“

„Was denn nu noch allens, hä?“

„Na, ei wie du damals, als unser alter Hindenburg auffe

Reis' nachem Tannenbergdenkmal mit dem ‚Seedienst Ostpreißen' nach Zoppot kam, die Pullezeiabsperrung wollt'st durchbrechen, um daß der alte Herr partuh sollt' mit dir auffe Fongtähn' im Kurgarten klettern und 'n Machandelchen als Danzjer Natzjonahljetränk jenehmijen?! — Mit Mieh' und Not hab' ich dir an de Lunzen noch festjehalten, wo doch jen' fremdes Krimchen all die Pull' als Attentatsbomb' mit flissijem Gas wolld' einkassieren. Dadran hat ihm dänn ja im letzten Momang noch Lang-Sahm, unser Senatspräsedent, jehindert, was se zur amtlichen Aufbewahrung an ihm sein' Adjutantchen, dem freindlichen Majorchen von de Schutzpullezei, hat weiterjereicht und der wieder an dir."

„Aber so 'ne Zatzchen mach' ich doch h e i t ' nich mehr!"

„Wirklich nich? Und erst neilich wolltste am Keenig von Dänemark schreiben, daß der solld' Ehrenmitglied von deinem ieberhaupt erst jeplanten ‚Schwimmklub Paul Beneke' werden!"

„War das so firchterlich?"

„Nee, aber dammlich. Ei, und was wolltst du oller Knacker mit 'ne Harrlock' von die stramme Brustschwimmersche, was auffe Zoppoter Sportwoch' dem ersten Preis hätt' jewonnen, hä?!"

„Nuscht als Andenken. Is doch heitzutag' Mod' jeworden. Frieher hieß das Souwenihr und war ieberall ieblich, bloß waren die Dinger damals nich so perseenlich."

„Dafier hätt' dich dänn beinah' jen' Segeljachtbesitzer, was der Breitigam von die Brustschwimmersche war, jen' ieberlebensgroßer Muskelmensch, heechstperseenlich de Freß poliert, auch zum Andenken, wenn dem nich gerad' in dem feierlichen Momang, wo du die Dame mit die dwatsche Hiehneraugenscheer' in de Frisuhr wolld'st fuhrwerken, so'n Stick Preisboxer oder Possekelschwinger vom Danzjer Domnik hätt' auffe Hiehneraugen jepeddelt! Das sind so die

Zicken, wasde dich in deine dauernde Duhnität rausknobeln tust. Jibst das zu?"
„Jawollja, ich jeb' mir jeschlagen auffe ganze Linie."
„Und siehste nu auch endlich ein, daß ich dein Freind sein und bleiben muß, ob ich will oder nich?"
„Ja, ja. — Aber warum eijentlich?"
„Himmel, haste keine Flinte?! Muß ich nu wieder von vorn anfangen . . . ?"
„Nei, fang' lieber hinten an und schrei: Prost!"
„Prost! — Du kannst einem schon piesacken! Aber wozu prost, wenn gar kein Kukilorchen da is?"
„Wer sagt das?! Kiek, wie freindlich de Sonn' auffem Speicher ‚Zum Engel' scheint! Die weiß ganz jenau, daß ich da drin auffem ersten Boden in de Eck' hab' 'n kiehles Kimmelchen verklaut!"
„Dänn auf ihm! Nec temere — nec timide!"
„Ja, ich weiß: Nie ganz duhn, aber auch nie ganz nichtern!"

Die Lebensrettung

Es war an einem heißen Sommertag an der Weichsel, irgendwo zwischen der Klawitterwerft und dem Ganskrug, wo weiter nichts zu sehen war als Holzfelder am Ufer, Flöße auf dem Wasser und dann und wann Männer, die mit Bootshaken Stämme zu Wasser oder aus ihm herausbugsierten. Irgendwo schrillten dann und wann Sägen oder tuteten Dampfer. Sonst aber herrschte eine große Ruhe unter dem hohen blauen Himmel, an dem nur selten weiße Wölkchen fernher in die Ferne zogen.

Inmitten dieses Friedens lag ein großgewachsener braungebrannter Junge in blauer Badehose auf einem Floß, räkelte sich bisweilen vor Wonne und las Seemannsgeschichten. Daß die Traft, auf der er lag, manchmal durch das Kielwasser vorüberfahrender Schiffe in ein sanftes Schaukeln geriet, fügte sich gut zu den Abenteuern, die er verschlang.

Ernst Döring, der so die großen Ferien genoß, war der einzige Sohn des Strompolizisten, dem eins der unscheinbaren Häuschen unterhalb der Krone des Dammes gehörte. Allmählich hatte Ernst es ins Gefühl bekommen, genau zu unterscheiden, ob das Floß, auf dem er lag, vom Wasser bewegt wurde oder von jenen Holzarbeitern, die es bisweilen betraten, um neue Traften zusammenzustellen oder andere zu verholen. — Was aber jetzt plötzlich und ungestüm vor sich ging, war neu und nicht so rasch zu deuten, wie es geschah. Denn kaum war vom Nachbarfloß her

Bewegung bemerkbar geworden, da griff sie schon auf Ernsts Lagerstatt über, brachte auch sie in ein leises Schwanken und schien sich bereits nach jenseits abzustoßen. Jenseits aber, da war ja die glitzernde Weite der Toten Weichsel und sonst nichts mehr...

Der Junge fuhr hoch und erschrak über einen klatschenden Fall. Zugleich bauschte sich ein Wust von Kleidern über der Flut, Arme schlugen wild das Wasser, und die Stimme einer Frau schrie gellend ins Leere...

Da begriff er, was geschehen war: Die da, die fremde Frau, war absichtlich ins Wasser gegangen, aber jetzt, da es ans Sterben ging, bekam sie Angst, wollte sie leben und rief um Hilfe!

Ernst war ein guter Schwimmer und wußte auch, daß man sich zur Rettung Ertrinkender nur von hinten an sie heranwagen durfte, um nicht von ihnen gepackt und mit in die Tiefe gezogen zu werden. Er stürzte sich sofort ins Wasser und schwamm auf die Schreiende zu. Die aber versank, ehe er sie erreicht hatte. Gerade schickte er sich an, nach ihr zu tauchen, als zwei Holzarbeiter, die mit einem Bootshaken über die Hölzer herzugelaufen waren, ihn warnten: „Nich tauchen, nich tauchen! Die kemmt von ganz allein noch zweimal wieder hoch!"

Die Erfahrenen behielten recht: Als sich die Flut über der Frau wieder teilte und sie aufs neue das Wasser walkte und, nun schon weniger laut, abermals zu schreien begann, griff Ernst zu. Er bekam erst die Kleider, dann auch den Nacken des Weibes zu fassen. Schon aber packten ihre Hände auch ihn, weil er sich zu weit vorgewagt hatte. Ernst kämpfte kurz mit diesen Händen, kam aber nicht mehr von ihnen los. Und auf einmal mußte er mit in die Tiefe...

Einen Augenblick dachte der Junge, daß er nun sterben müsse in diesem grünen Wasser, das an ihm emporströmte und immer dunkler wurde... Da verspürte er etwas wie einen Ruck, der die Reise in die Tiefe aufhielt. Dann holte ihn das Licht, die strahlende Sonne dieses Sommertags, zu sich zurück. Als er endlich wieder atmen konnte, da erkannte er, daß ihn immer noch die Frau festhielt, daß sie aber am Bootshaken der beiden Holzarbeiter hing, die sich die größte Mühe gaben, die Doppellast zu sich heran und in Sicherheit zu bringen, eine verzweifelte Anstrengung, die er im Augenblick einfach nicht unterstützen konnte.

„Stoß dir ab, Ernst, oder hau ihr de Faust ieber'n Deez, wenn se dir zu fest jegrabscht hat!" rief der eine, und der andere erläuterte: „Eich zwei beid' zugleich kriejen wir sonst nich an Bord von diese Holzkorvett', verstehst?"

Ernst begriff und stemmte sich mit ganzer Gewalt gegen die ihn umklammernde Frau, kam so endlich von ihr frei, mit wenigen Schwimmstößen an den Rand der Traft zurück und schließlich, mit allergrößter Anstrengung, auch noch hinauf. Oben aber sackte er erst einmal in die Knie und atmete rasch und wild ...

Inzwischen quälten sich die beiden Männer weiter mit der Selbstmörderin ab, die ihre Rettung durch Angst und Unbeholfenheit erschwerte. Aber endlich war es soweit, daß sie die Ächzende und Triefende, im letzten Augenblick auch noch mit Ernsts Unterstützung, auf die Beine stellen konnten. Da stand es nun, das stämmige Weib von vielleicht fünfzig Jahren, unsicher auf dem Floß und schnappte immer noch nach Luft, während das Wasser von ihr ablief auf die beinahe heißen Hölzer. Einer wollte sie stützen, aber unwirsch stieß sie ihn zurück. Endlich gewann sie wieder Gewalt über sich, und da geschah es. Beide Fäuste stemmte sie in die Hüften und schrie ihre Retter an: „Ihr Äaster, ihr Unnosels infamichte, wie kemmt ihr eijentlich dazu, 'n armes Mensch einfach außem Wasser zu ziehen?! — Und der da, der Lauselimmel, der Ernst hat anjefangen! Dir ..., dir ... kännt' ich sonst was ... !"

Da packte einen der Männer die Wut und er fuhr sie an: „Schnittkesche, dwatsches Weibstick, zuwas haste dir denn

erst inne Weichsel reinjestirzt?! Der Jung' da, der hat dir 's Leben jerettet, denn bis wir kommen und nach dich angeln konnten ..."

„Wenn einer aber nu mal abblubbern w i l l, muß man ihm doch auch lassen! Ich feif' auf die dwatsche Lebensrettung. Knallen kännt' ich dem Leschack eine und eich allesamt von diese Traft runter mang de Uckleis schmeißen!"

„Sag' mal, du nasses Stick Elend, is das vleicht dein Dank dafier, daß wir dir hier mit soviel Miehe hahm ... ?"

„Na, was denn, hä? Willst woll sagen, daß ihr mich mit eirem Angelhaken habt dem halben Rock und noch de Unterbixen aufjerissen, nich? Kiek, wie de Koddern runterbammeln! — Wie soll ich so iebre Straß' und nach Haus' scheddern?!"

„Wir hahm hinten in de Bud‘ woll noch wo‘n Sack oder ‘n Stick Persenning, glaub‘ ich.“

„So, glaubste? Mit sowas kännt ihr auffen Sonntag ja nach Zoppot fahren, wo se allerlei neie Moden einfiehren! Is ‘n reines Wunder, daß ihr mich nich noch Dachpapp‘ oder Wellblech anbieten tut, ihr feine Kafferliere!“

„Bißchen heeflicher känntste dir schon ausdricken, Schnittkesche!“

„Auch das noch, wo ihr mir erst durchem Wasser jezerjelt und rumjestuckert habt, dänn de Koddern zerpliesert, und ‘ne dicke Brusch‘ hier am Hinterkopp hab‘ ich auch noch abjekriegt!“

„Besser am Kopp als da, wo du drauf sitzen willst!“

„Was, auch noch speilzahnen willste?! Ohne eich wär‘ ich all längst dot. — Mich war all so, als heerd‘ ich Glocken leiten . . . !“

„Versindje dir man nich noch! Sag‘ lieber, warum und zuwas du dir miteins inne Weichsel hast jestirzt!“

„Hat mein Mann dran schuld, das Lachodder!“

„Aber der is doch so freindlich und jemietlich . . .“

„Mit de Ida da drieben außem Krug vleicht, wo er abends immer huckt, mit die dicke Berta vom Milchpeter und nu auch noch mit ‘ne Speicherdohle — is das ihm seine Freindlichkeit? Da mach‘ ich nich mehr mit, und drum hab‘ ich mir inne Weichsel jehaut! Und ihr Unnosels habt mir nich jelassen! — Aber was nu?!“

„Red‘ ihm doch gut zu oder schlenker ihm bißchen ‘s Handtuch umme Ohren, wenn ‘s Puscheien nuscht mehr solld‘ nitzen!“

„Hab‘ ich doch allens längst ausprobiert. Davon kemmt der bloß inne Wonz, brillt und schmeißt mit was um sich!“

„Kiek, hätt‘ doch keiner nich jedacht! Der mißd‘ sich doch eijentlich de Herners längst hahm abjelaufen. Aber bei einem dauert das ehmd bißchen länger als beim andern, und . . .“

„Quassel keine Quappen in de Jegend, sag‘ mich lieber, was de Uhr all is, heerst?“
„Na, heerst d ü dänn nuscht? Von drieben feift es jerade zwelf, und wenn der Wind richtig steht, dänn kannste von de Stadt her auch gleich de Glocken leiten heeren!“
„Beschiet de Glocken! Was sag‘ ich nu meinem Mann, wenn der von de Arbeit zu Mittag kemmt und ich ihm seine vieljeliebte Katoffelflinsen, auf was der sich jeden Mittwoch freien tut, noch nich mal hab‘ anjeriehrt?!“
„Wirst bis dahin all ‘ne Ausred‘ finden.“
„Nee, nee, ich weiß nich, was der mit mir anstellt!“
„Wenn der dir so in deinem Elend sieht, quatschnaß, die Zoddern bammeln umme Ohren, de Lunzen zerfetzt ...“
„Ich glaub‘, der schmeißt mir nochmal in de Weichsel, du!“
„Aber nei doch, eher kriegt er‘s heilende Elend! Un nu hab‘ man wieder Mumm und fang‘ wenigstens an mit jene Katoffelflinsen, was er so lieben tut, dänn de Liebe jeht ja durchen Magen!“
„Hurrjes, ja! Ich schlacker mir ‘n bißchen ab und pees‘ los!“
„Ei, und wie is das nu mit ‘n Stick Persenning?“
„Dadermit kannste dich de Sülznees‘ wischen!“
„Na, dänn schieß man im Wind, du! Und bloß nich erkälten!“
„Im Kichenschrank hab‘ ich fier alle Fälle immer ‘n Buddelchen Korn verklaut!“
„Dänn man proscht!“
„Ade! und dank‘ auch scheenchen! — Eijentlich is ‘s Leben doch auch wieder ganz nett!“
„Na also, hab‘ ich‘s nich gleich jesagt?“
„Ach, heer‘ mal, Jungchen, Ernstchen, was ich nu noch rasch mal sagen wollt‘: Kemmst nachher, wenn mein Oller wieder abjehauen is, so um Uhre zwei, halb drei bei mich, nich? Dänn back‘ ich fier dir extra ‘ne große Pfann‘ voll Katoffelflinsen oder zwei. Und Zuckerchen kriegste fingerdick drauf, mmh!“

Der Sternzähler

Der Kutscher Rudolf und der Packer Mieseke waren beide in demselben Danziger Handelshaus tätig, hatten jeden Tag miteinander zu tun, konnten sich aber trotzdem oder gerade darum einfach nicht ausstehen. Rudolf war von Natur ein kraftvoller und fröhlicher Mensch, Mieseke dagegen mürrisch und gehässig. Er schikanierte den Kutscher gern, der zu gutmütig und auch zu schwerfällig war, sich zur Wehr zu setzen — bis zu jenem Geschäftsjubiläum, von dem alle Beteiligten noch lange mit Schmunzeln erzählten. Denn jener Abend brachte endlich die ausgleichende Gerechtigkeit.

Das war gegen Mitternacht, als das Abendessen für die ganze große Belegschaft im festlich geschmückten Speicher längst vorüber war und auch das Freibier und der Machandel auf die Neige gingen. Die meisten waren schon gegangen, als sich auch der Chef erhob, um sich in seine Wohnung im Vorderhaus zurückzuziehen, weil er morgens immer der erste im Kontor, aber auch auf dem Hofe war, und das erst recht dieser Tage sein wollte, wo die Maurer einen neuen Schuppen bauten.

Über diesen Hof und durch seine Hinterpforte pflegten sich auch die beiden ungleichen Naturen nach Hause zu begeben, nachdem Rudolf noch einmal nach seinen Pferden gesehen und Mieseke in der Packerei Ordnung gemacht hatte. Beides war an diesem Tage schon einmal geschehen und wiederholte sich jetzt nur kurz, wobei Mieseke, der schon vorher von seinen Erlebnissen als Matrose auf großen Windjammern

Erstaunliches erzählt hatte, gerade wieder ein tolles Stück zum Besten gab. Rudolf, der eben den Stall verschlossen hatte, stellte sich mitten in den Hof und lachte lauthals. Das ärgerte den anderen, und er rief: „Rudolf, wenn das nich wahr' is, will ich auffe Stell' de Kränk' kriejen!"

„Kannste haben! Wenn ich dir in meine Pranken nehmen tu', denn mußde gleich acht Tage liejen jehen!"

„Du mit deine Großbramsigkeit! Dich kann auch mal was zustoßen: de Gäule können scheu werden und ..."

„Jewiß, so wie neilich, als ich gerad' vorn vore Deichsel stand und du Aas von hinten mit die große Papiertut' losjeknallt hast!"

„... oder dich fällt mal 'ne Kist' auffen Kopp!"

„Heechstens, wenn du Schorfkreet oben auffem Speicherboden huckst und läßt ihr runtersausen."

„Aber du, du bist ja die Prachtpriemel von's ganze Jeschäft, was am meisten von alle arbeiten tut! Du Dussel, was wirjst dir eijentlich immer so ab fier'm Chef? Du wirst nie nich klug werden. — Köppchen mußde haben und dir dricken können!"

„So wie du, nich? Was du bloß klug bist! Du kannst einfach allens!"

„Kann ich auch. Beweis' mich, daß ich was nich kann!"

„Wenn so, denn wirste ja woll auch de Sterne am Himmel zählen können, was?"

„Päh, die Flimmerdinger da oben? Mach ich."

„Mit deine große Freß, aber nich wirklich, du dwatscher Leidack. Hast woll zuviel Fuselorjum im Kopp!"

„Ich bin ganz klar, so klar wie ... wie ... Machandel!"

„Denn kannste also auch all die Sternchens da oben zählen."

„Natierlich. Mach' ich aus de Lamäng."

„Nu aber los, Mieseke, los!"

„Jib lieber erst noch 'ne Buddel her; denn jeht allens besser!"

„Bin je kein Unmensch nich. Da hast! Sauf', aber zähl' auch! Ich wart'."

„Prost, Rudolf! Immer mit de Ruhe. und denn mit ‘nem Ruck!“
„Kannste also nich, Großkotz, aufjeplusterter!“
„Klar kann ich. Wirst sehen. Gleich fang‘ ich an. Bloß noch‘n Schluck!“
„Nu is aber jenug! Keine faule Ausred‘ mehr!“
„Du, ich mißd‘ erst mal ... Meine Blas‘ is ...“
„Was heißt hier blasen und trompeten, jezählt wird!“
„Kannste denn gar nich verstehen, wie das is? Mich drängt‘s ...“
„Mich auch. Dich eine zu knallen! Los jetzt! Kopp hoch und jezählt! So‘n infamichter Aufschneider!“
„Was haste jesagt, du ... du ...?“
„Mieseke, zählste nu oder zählste nich?!“
„Aua, du ... ! — Paß auf: Eins ... zwei ... drei ... Du, Rudolf, so jeht das aber nich. Ich kriej‘ ‘n Drehwurm ... Ich mißd‘ mir setzen!“
„Hinsetzen auch noch? Gut, komm man mit, Jungchen, komm mit! — So hier auffem Rand von diesem wunderscheenen Bottich, wo jene Maurers all hahm ihrem Kalk, Mertel oder Zement anjeriehrt, hier huckst dir hin! Siehste, da sitzste. Nu aber los, lustig, lustig!“
„Eins ... zwei ...“
„Da warst all längst. Nu weiter, Mann!“
„...elf, zwelf, dreizehn, ... vierundzwanzig, ... vierzich. Du, meine Nichte, die was im Krankenhaus immer Blutkerperchens zählen tut, die sagt: Wenn einer so viele, viele vermuggerte Punktchens zusammenaddieren muß, denn braucht man ‘n Gitter zu!“
„Denn mußde im Jefängnis nach Schießstang‘, du Unnosel! Da haben se Jitters jenug. Un da jeheerst auch all lang‘ hin!“
„Schuckerner Speilzahn, doch nich sone dicke Dubbasse, ‘n feines, mit lauter Maschen drin!“
„Aha, na, Mieseke, die Masche sollste auch kriegen!“ grief-

lacht Rudolf, holt in aller Ruhe den großen Abfallkorb aus Maschendraht und stülpt ihn Mieseke übers Haupt: „Nu zählste aber!“

„... sechsundzwanzig ... siebenundzwanzig ... achtund ... Rudolf, das piekt aber so doll auffem Kopp!“

„Hurrjes, besser, es piekt a u f ' m Kopp als i m Kopp!“

„... achtundddreißig ... neinunddreißig ... — Du, mich wird's Genick ganz steif von die ew'je Hochkiekerei! Ich mißd' mir lejen!“

„Denn hau' dir meinswejen auffem Pflaster hin, aber zähl'!“ Mühsam, mit beiden Händen den Drahtkorb über den Schultern balancierend, begiebt sich Mieseke vom Rand der Zementeinfassung abwärts und landet ächzend auf dem Kopfsteinpflaster des Hofes. Das geht mit solchem Ruck vor sich, daß er einen heftigen Schmerz an seiner Südseite spürt: „Aua, aua! Mannomann! Rudolf, das is ja firchterlich!“

„Was denn? Daßde dich dem Podex bißchen zerstuckert hast? Ei, was haste doch frieher auf jene Windjammers in de Siedsee und so nich allens leiden missen! — Oder womeejlich doch nich??“

„Klar, Rudolf, klar, — ich mein' ja auch bloß ...“

„Also! Und hier wird nu nich jemeint, hier wir jezählt, sonst ... !“

„Ich fang ja all an: ... dreienfuffzig ... vierenfuffzig ... fimfenfuffzig ... sechsen ... Du, das drickt so doll auf de harten Steiners! Und der mochumsche Draht verwirrt mir!“

„Ei, wenn du nu auf so'nem indischen Fakir sein' Nagelbett liejen tätst und mißd'st statt nach de Sternchens immer nach 'ne Jiftschlang' hinkieken, was vor dich tanzen wird', hä?! Und Jitters hahm die da am Achterstewen der Welt noch ganz andre als wir hier auf Schießstang'. Und falls de da soviel schlabberst, kemmt gleich 'n Wächter mittem Sambarabbischwert anjepeest und pinxert dich damit im Bauch!“

„Jeder kann je bloß einmal sterben!“

„Stimmt, aber hier wird nich jestorben, hier wird jezählt!"
„Wenn das doch aber so aasig dricken tut!!"
„Schlabber nich, zähl! Sonst kriegste vertrimmt! Ich werd' dir Großschnauz' lernen, 'nen anständ'jen Menschen zu verasten, und dabei kannst nich mal die lump'jen Sternchens zählen, Dwatschkopp!"
„Rudolfchen, du ... Ich ..."
„Zähl', du Kreet! Jitter haste, liejen tuste auch, also! Bei sechsenfuffzig haste aufjeheert. Nu weiter oder ich vertopp' dir!"
„Sechsenfuffzig ... siebnenfuffzig . . Du, ich zähl' ja auch gleich weiter, bloß ...
„Siebnenfuffzig ... Los, oder's knallt!"
„Siebnenfuffzig ... acht ... Ich halt's am Kopp nich mehr aus! Rudolf!!"
Da reißt Rudolfs Geduld. Er reißt Mieseke den Korb vom Kopf und pfeffert ihn mit mächtigem Fußtritt in die Gegend. Dann packt er den sonst so hinterhältigen, jetzt aber so kleinen Stänker am Kragen und Hosenboden zugleich, hebt ihn hoch empor und läßt ihn dann aufklatschend in die grauweißliche Brühe fallen: „So, da liegste nu so mollig wie bei deine Minna im Bettchen! — Jetzt los, oder ich bescheier dich warraftig noch de Karbonad'!"
Mieseke liegt der Länge nach in der dicken Pampe. Anscheinend unberührt von der Veränderung der Dinge, blickt er offensichtlich erstaunt zu den Sternen auf, die er nun unbehindert betrachten kann, und beginnt: „Eins ... zwei ... drei ..."
„Fängt der dwatsche Tullas doch wieder von vorn an! — Lorbaß, dein Breejen is all ganz durchenandermengeliert! Na, denn stärk' ihm erst mal mit 'nem Machandelchen! Wird dich guttun. — Schluck', Satansgurjel! Richtig rin im Hals! Willste woll! Wo jeden Tag so viel Jift rauskommt, muß heit' auch mal jeheerich was rin! Los! Kein Verzagen nich und ausjekluckert! — Eh was, is ja noch fast de Hälft' drin.

Man allens leifig runterjeplänscht; denn kannste auch besser zählen! He, verjieß nich! Das is echter Machandel Nullnull von Stobbe, und ganz Danzig sieht auf dir!!“

„Rudolfchen, ich ... ich ... und nu paß auf: Eins ... zwei ... Rudolf, ich bin ... bin einfach nich mehr inne Lage ...“

„Nu sag‘ bloß noch, daßde in andrer Lage bist!“

„Allens, was du willst, Rudolfchen.“

„Was? Kannst also nich de Sterne zählen? Und vorher haste sooone große Freß jehabt?!“

„Natierlich kann ich. Ich ... ich ... werd dir zeijen!“

„Kiek dem Labommel! Is immer noch großbramsig! Na, nu zeij‘ doch!“

„Ich, ich ... oooh ... !“

„Was-chen denn? Hast doch Kraft aufjepumpt. Nu los!“

„Lalala ... lalala ... !“

„Ich denk‘, du zählst? Oder willste erst mal de Danzjer Natzjonalhymne singen, hä?“

„Trautstes Rudolfchen, ich ... ich ... mächt‘ erst ‘n bißchen drusseln, ja?“

„Liegst ja all so scheen. Kannst ruhig einschnurcheln!“

„... hik!! ...“

„Na, denn schlaf‘ auch man scheen!“

„... hik!!! ...“

„Wie so‘ne Fliej‘ im Bernstein is das da nu einjemauert. — Wer weiß, wie schnell dein Bernstein eindickt! Morjen werden de Maurers dir ja denn woll rauspolken kännen mit Brechstang‘ und Possekel aus jen‘ Jipsmertelkalkzement. Vleicht, daß bis dahin all dein Jift endlich hast ausjeschwitzt!“

Rudolf nimmt einen tiefen Schluck aus der Machandelflasche und schickt sich zum Gehen an. Es wird Zeit. Seine Frau wird sowieso schon in Sorge sein über sein langes Ausbleiben. Nur noch einen Abschiedsblick will er auf den elenden

Mieseke werfen, der jetzt endlich seinen Denkzettel bekommen hat.
Sinnend sieht er auf den schlafenden Mann im Brei. Dann rafft er sich auf, krempelt die Ärmel hoch, bückt sich tief hinunter und sagt: „Äh, komm, oller Dussel, ich zieh‘ dir doch lieber wieder raus und spiel‘ dir unter de Plump‘ ab, denn sonst piesackt dir noch deine Ollsche und mir mein Jewissen!“

Die Martinsgans

Das war so ein grieser, nasser Novembermorgen an der Mottlau. Die Dunkelheit der Nacht hatte sich immer noch nicht ganz verzogen, und wer da womöglich in der Nähe des Fischmarkts zu tun hatte oder vielleicht sogar im Augenblick nichts zu tun hatte, dem konnten die Glieder schon klappern. Welutzke, der vom Häkertor kam und gerade nach der Mottlau und den Möwen gucken wollte, sah am Geländer seinen Freund mit saurem Gesicht lehnen und ins Wasser stieren, wo irgendein toter Fisch, den blanken Bauch nach oben, träge dahintrieb.

Welutzke schlingerte langsam heran, stieß den andern so vorsichtig wie nachdrücklich in die Rippen und forschte: „Was ziehste fier 'ne Freß, Bollermann? Is dich de Petersilje verhagelt, der Tobbak naß jeworden oder hat deine Olle dir anjegnurrt, daß du mehr Dittchens sollst abliefern?“

„Mußt doch am friehen Morjen nich gleich soviel auf einmal wissen wollen, oller Gnussel! Aber das mit dem Verdienen stimmt. Immerzu bramusert se rum: Nuscht Vänimftjes mehr im Kichenspind, und das gerad' jetzt zu Martini, wo andre Leit' sich was Scheenes bezähmen tun! Na, sagd' ich, ich sag: ‚Willste 'n scheenes Stick Stremellachs oder Spaltaal? Bring' ich auffen Abend mit!' Nee, meind' se, das kännd'se ja 's ganze Jahr ieber auch haben, und miteins ribbelt se sich auf, ob ich dem guten ollen Brauch bloß darum wolld' knicken, weil ich zu dußlig und zu faul wär' und nie nich jenug Eierchen verdienen tät', wie all die andre Mannsleit', was de Schlippsches aufhätten und wurrachten wie de Deiwels, daß sie und denen ihre Frauen sich ordentlich was bezähmen kännten um diese scheene Jahreszeit?!"

„Mui, da gab se dich ja Saures jenug! — Also 'ne Martinsgans will se in de Bratpfann' haben?"

„Klar wie Plumekielke! — Du, wenn draußen de ersten Blätter fallen tun, fängt de Frieda all von ihre Martinsgans an zu schlabbern, von ausjelassne Flomen, von Spickbrust, von Jänseleber und eins mit's andre und heert bis Ostern nich mehr auf. Verfluchtjes Jebrissel das!"

„Hätt'st dir nich kännt verdinnesieren oder einfach mitte Faust auffem Tisch wamsen?"

„Jejen meine Faust hat Frieda doch's Nudelholz! Nee, da is die ieberlejen, und auf rohe Jewalt will einer es in de Ehe ja auch nich lassen ankommen. Tja, und auskneifen? Wie kann schon einer ausbixen, wenn der Schlissel in keine Fupp und auf keinem Haken nicht zu finden ist?! Ich hab' mir rein brejenklietrig jesucht, du!"

„Aha, se hätt' ihm also verstoppt?"

„Du merkst aber auch rein allens! — Na, nu jing mich langsam der Rogen hoch, aber schon bälkd' sie los, fier meine verfluchtje Saufgurjel und fier die verrickte Raucherei wär' immer jenug Zaster da, aber fier was Festliches auffem Tisch nie nich!"

„Muß die aber eierboßig jewesen sein, deine rechtmäßig anjetraute Ehefrieda! Ei, und hat se dich womeejlich auch was vor'n Latz jeballert, 'ne Bratpfann', n' Waffeleisen oder 'ne Kastroll'?"

„Im Momang fand se woll nuscht! Oder se war all wieder zu mild dazu jestimmt, von wejen unterdrickte Tränen und so."

„Und dänn?"

„Und dänn und dänn?! So fragen de Pullezisten auch immer! — Na, ja, dänn kikd' ich miteins nach de Uhr und ich dachd',

mir riehrt der Schlag: Mann, in zehn Minuten mißd' ich doch all hier auffem Fischmarcht sein!"
„So frieh? Zuwas?"
„Von wejen Neinaugen abladen und abkarren, was doch Hallmann aus Schiewenhorst mit dem ersten Dampfer all fier Eckermann, Kombeltz und Emil Bock mitschicken wollt, frisch jerestete, aber auch all einjelegte. Und ich denk, hurrjes, denk' ich, gleich kemmt jen' Dampfer, und ich hab' keinem Schlissel nich, weil meine kreetsche Ollsche ihm verstoppt hätt'!"
„Was nu? Hast ihr eine jescheiert?"
„Ich war drauf und dran. Aber dänn tat se mich auch wieder leid mit ihrem Janker auf 'ne Martinsgans und weil se doch mein Ehejesponst is. Also sag' ich, ich sag': ‚Frieda, olle Nulpe, du dwatsches Jestell, laß mir hier raus, und heit' auffem Ahmd noch kannste dich de Leber vonne ieberlebensgroße Gans auffe Bratpfann' knallen!' Dabei fiehld' ich mir wie'n Held, so vleicht wie Napoljong vor die Einnahme von Dingsda, von Aspirin."
„Das soll 'n Wort sind, jucht se, und hier hast dem Schlissel! Scher' inne Sohlen, Leidack infamichter, daßde auffe Arbeit kemmst! Aber wehe, wenn ich dir womeejlich ohne 'n anständjen Vogel wiederseh'! Dänn kracht's aber!"
„So deitlich is se jewornden? Na, haste denn nu all 'n paar Jille zusammenjeschrapt fier so'ne ieberlebensgroße Tafelgans?"
„Was quasselste denn bloß so dammlich, Welutzke?! Weißt doch ganz jenau, daß unsereins längst nich mehr so verdienen tut wie in friehere Zeiten, wo wir zwei beid' Lageristen, Materialausjeber und was weiß ich noch allens waren. Fier unsre Schauchen von heite kriegt einer doch man bloß die paar Dittchen, dem Rest in Naturaljen und heechstens noch das, was nebenbei abfällt, so von achtern ieber Backbord in de Fupp!"
„Und wo haste denn nu jen' Abfall jelassen?"

„Hab' ich doch im Häkertor hinter all die viele Luschken verklaut, fier auffen Abend."
„Mensch, Mann und Knallkopp, wie jern mächt' ich mir jetzt so'n frisch jerestetes Neinaug' bezähmen!"
„Na, wenn's weiter nuscht is?! Hinten in meine Bixentasch' missen noch so Sticker, zwei, drei sind. Grabbel dich da man einem raus! Aber nich dem Schäckert beschmieren, heerst?"
„Du red'st wie meine Ollsche, was es auch immer so mitte Vorsicht vor allerlei Fleckens hat!"
„Mitte Zeit schnappt jeder Mann so'n Jebrissel auf, bloß die Fleckens, die macht er doch weiter, nich?"
„So, nu hab' ich mich so'n Dubbaneuchen aus deine Bix jepult und ich dank' auch scheenchen. — Meeensch, an die Biester kännt' ich mir dwatsch und dammlich fressen und mir dilektieren immerzu und noch! An manchem eß ich mir nie nich was ieber."
„Is all gut. Ieberschlag' dir man nich, knobel lieber was aus, wie wir zu's nächste Schauchen kommen kännen!"
„Mann, daderwejen hab' ich dir doch gleich jeschlängt, als ich dir so misepretrig mang de Uckleis spucken sah! Nu komm man mit nach de Marchthall'! Die olle Grabowski hat mir bestellt, und als ich ihr fragd' ob ich dir vleicht solld' mitbringen, wenn ich dir treffen tät', sagd' die bloß: ‚Na ja, wer dem Max hat, kriegt auch dem Moritz!' Also, was is nu? Oder haste am End' was Bessres?"
„Das jerad' nich, aber wer is jene Grabowskische und was will die?"
„Is doch die nette dicke Fleischersche, und was wir sollen? Na, Ware von die Schlachthofwagens abladen, ranschaffen, austragen und eins mit's andre. Ehmd Paslack spielen und bei de Hand sein."
„Wenn so, dänn ja. Aber nu auch losjepeest!"
„Jaja, de Marchtleit' warten nich jern."
„Also am besten gleich hier durch's Tor und leifig nach dem Dominikanerplatz rauf und dänn rin in de Hall'!"

„Kiek doch bloß: De Johannisgass' is voll von Wagens! Auße Tagnetergass' kommen neie, ieber de Dämme ... ! Bald is alles verstoppt"
„Wenn du man nich verstoppt bist! Im Kopp! War doch immer so!"
„Schlabber nich dwatsch, kiek lieber, wie jen' Schucker mit dem Fleischerwagen da aus de Lawendelgass' rausjeschossen kemmt! Is jen junger Meister denn rein mittem Klammerbeitel jepudert?!"
„Nei, aber besoffen. Ei, und wie der Schorfkreet auf die arme Pferdchen mit de Pitsch losdreschen tut! Dem Luntrus mächt' einer doch gleich 'paar vor de Freß ballern und ihm runterstucksen vom Bock!"
„Hast recht, Tierquäler mißden firchterlich bestraft werden!"
„Rums, beinah' hat er dem Laternenpfahl umjerissen! Hat scheen jekracht, nich? So'n Unnosel is ja rein jemeinjefährlich!"
„Seh bloß, wie der leichte Wagen schleidert!"
„Dabei is ihm doch ehmd was rausjeschorrt! Da, kiek, all wieder was. Nu aber nuscht wie hin und aufjesammelt, was der Dussel fallen läßt!"
Die beiden Freunde setzen sich in Trab, mehr nicht, denn ein richtiger Danziger Bowke ist kein Schnellzug. So haben sie Gelegenheit zu beobachten, wie der Fleischer noch mehr verliert.
„Meeensch, das sind ja lauter Jänse, all Sticker vier, fimf!"
„Rasch jegrabscht die Biester und ab mit se dalli durch de Scheibenrittergass'! — Du, die Sorj' um deine Martinsgans biste dänn los und ich auch!"
„Nee, Welutzke, nee, mach' halblang! Mal bei Jelejenheit so'n Handchen voll Neinaugen ruscheln, 'n Stickchen Stremellachs oder Stör, 'n Bundchen Aal oder zwei, drei — allens gut und scheen, aber gleich 'ne ganze Gans auf einmal?!"
„Denk' an deine Olle mittem Katoffelstampfer oder mittem

Rollholz, wenn du ohne Martinsvogel ihr unter de Pupill' trittst!"

„Weißde, daran denk' ich seit heit' frieh immerzu, aber ..."

„Und was machen wir denn nu mit die Jänse?"

„Nu bick' dir doch erst mal, daß der Anfang jemacht is!"

„Scheen, drei sone Dubbasse hab' ich all, die andern holst du!"

Als sie wieder beisammen sind, hat jeder drei Gänse, und von neuem fragt Welutzke: „Sollen wir nu mit die Veejel hier stehen, bis uns de Arme steif werden, oder was haste dir so ausjetiftelt?"

„Ganz einfach: Die bringen wir dem! — War ja der junge Meister von Rammbau, dem se inne Marchthall immer ‚Trampeljahn' nennen, von wejen weil der so'n Lulatsch is. Ihm sein Vater hieß ‚Bummelback'."

„Wir sind doch nich schucker, daß wir dem de Jäns' bis nach Rammbau tragen tun!"

„Aber nei doch! Er hat auch 'n Stand in de Marchthall."

„Ei, und sonem Luntrus, was sich all am friehen Morjen so beschluckt hat, daß er nich mal merkt, daß er de halbe Fracht unterwejens verloren hat, dem soll unsereins die wunderscheene Jäns' nachschleppen?! Nee, du, das mach' ich nich! Entweder ab mit se oder ich leej' meine scheen seiberlich mang alle Leite wieder auffe Straß'!"

„Brauchste nu nich mehr: Da kemmt jen' Fleischer all mitte jeschwungne Pitsch' anjesockt und brillt!!"

„Warraftig. — Du, der meint womeejlich, Leit' wie wir wollden ihm bereibern oder wie oder was! Dem jeben wir's aber!"

„Sie, was brillen Se da? Sofort Jäns' abjeben oder 's Leder umme Ohren? Sind woll bekloppt, was? Wo wir se Ihnen hahm aufjeklaubt und auch noch entjejenbringen?!"

Der Fleischer, ein Herkules von Kerl, läßt sich erst einmal auf nichts weiter ein. Er holt im Nu einen Riemen hervor, knotet je drei Gänsehälse zusammen, wirft sich das Ganze so über die Schulter, daß drei Gänse vorn baumeln, drei auf seinem Rücken, tippt mit dem Peitschenstil an die Mütze, was die beiden deuten können, wie sie wollen, und trollt sich davon.

Die beiden Freunde sind so verblüfft, daß sie sich erst finden müssen, dann aber ist Welutzke der erste, der sich hinterdreinmacht: „Sie, so jeht das aber nich! Wir hahm doch woll 'n anständjen Finderlohn verdient!"

„Ei er dir!" brüllt Trampeljahn. „Auch noch Finderlohn, wo ich die Jäns' doch bei eich jefunden hab?! — Haut ab, oder ich bereester eich de Karbenad', daß eire Ollen eich fier Hackbraten halten tun!"

Erst nach einer Weile findet Welutzke die ersten Worte: „Der droht uns auch noch, der Lorbaß?! — Was sagste, Bollermann?"

„Nuscht. Da huckt er all wieder auffem Wagen und verstaut die Jäns'. Gleich fährt er ab. — Du, dem Kreet krallen wir uns nachher an seinem Stand. Der muß wenigstens einem ausjeben!"

„Das jeheert sich so! — Du, nu aber losjesockt zu de Grabowskische! Wie das arme olle Muttchen all warten wird!!"

„Wenn die man bloß nich auch noch so gnietsch is und schwach auffe Brust mit's Jeldjeben!"

„Aber nei doch, die is nich rachullig! De Grabowsken is 'ne Seel' von Mensch. Se jibt auch. Mußt ihr bloß bißchen ummen Bart jehen, dänn is die jeriehrt wie Äppelmus und weicher als Pomade!"

„Soll ich se vleicht am Kinn krabbeln oder auffem Schinken kloppen? Aber bei das viele Fett von diese Handelsweiber und bei all die viele Klamotten, was die iebernander tragen, merkt die sowas noch nich mal!"

„Schucker! Seelisch mußte sowas drechseln: Ihr 'n bißchen am Herzen riehren, so von wejen wie schwer unsereins als ältlicher Mann es bei Wind und Wetter draußen so haben tut und wo doch nu bald wieder Weihnachten wird sein und dies und jen's ..."

„Und kein Weihnachtsganschen nich, noch nich mal die paar Dittchen fier'n kleines Baumchen ... !"

„Im November is sowas noch zu frieh. Aber sonst is deine Machart richtig. — Na, missen ehmd sehen, was rausspringen tut. Dicke Menschen sind meistens jemietlich und jeben auch jern. Wirst sehen!"

Frau Grabowski hatte wirklich schon gewartet und freute sich daher um so mehr, daß die beiden Helfer endlich eintrafen. Es gab viel für sie zu tun. Darüber verging der Vormittag. Zum Essen spendierte die gute Alte Erbsensuppe mit Räucherspeck aus einer Wirtschaft am Altstädtischen Graben und zur Kaffeezeit sorgte sie für Nachtigallkaffee und Streuselkuchen aus der Junkergasse. Da erst fand Bollermann auch Zeit und Gelegenheit, ihr das ärgerliche Erlebnis mit dem poltrigen Fleischer und seinen verlorenen Gänsen mit entsprechendem Kommentar zu erzählen. Sie hörte sich alles gelassen an, äußerte sich indes nicht dazu, was die beiden wunderte. Sie dachten dann aber nicht weiter darüber nach, weil die Arbeit drängte. Als Bollermann und Welutzke schließlich gegen Abend all die viele Ware, auch schon für den nächsten Morgen wieder herangeholt, vieles ausgetragen, schließlich das übrige auf Eis gelegt und weggepackt hatten, schrubbten sie den ganzen Stand und räumten auf.

Als alles fertig war, staunten die Freunde nicht schlecht, als Frau Grabowski nach der Entlöhnung jedem von ihnen noch eine prächtige Mastgans überreichte und dazu erklärte: „Na nu ieberschlagt eich man nich gleich von wejen Dankscheen immerzu! Ihr habt feste eich abjemarracht, und wer gut arbeiten tut, muß auch mal gut essen! Eier Pech heit' frieh hat mir richtig jeriehrt. Und dem Trampeljahn sein Benehmen hat mir jebost, immerzu, sogar noch, wenn ich zwischenein de Kundschaft mißd' bedienen. Zum Schluß bin ich dänn zu ihm an seinem Stand jegangen und hab‘ ihm de Fläck reinjemacht und ihm im Jewissen rumramäntert, von wejen, wie er sich kännd‘ im Jeld wälzen und ihr arme Leschacks fier all eire schwere Arbeit nich mal ‘ne Martinsgans kännt nach Haus‘ zu de Olle bringen, was auch von frieh bis auffen Abend sich abrackert. Als der nu mit anjeknicktem Jewissen an sein‘ Hauklotz stand, da fragd‘ ich ihm, ob er sich wenigstens ‘n bißchen mächt‘ beteiligen, wenn ich bei ihm zwei scheene Jäns‘ zu Martini fier eich kaufen tät‘. Da endlich kam Leben in dem Klotz, und er brilld‘: ‚Nei, Grabowskische, ich hab‘ die zwei Schlingels, weil ich inne Wonz und auch noch anjeschickert war, schnoddrig behandelt. Das sollen nu nich S i e wiedergutmachen, das muß von m i r kommen. Hier haben Se erstmal zwei Martinsjänschen fier die zwei beid‘ Mochums und ihre Eheschicksen. Jelejentlich sag‘ ich denen noch‘n gutes Wort, und dänn is allens wieder inne Reih‘, na nich?!‘ — Da hab‘ ich mir nu bei ihm noch bedankt, weil er nich wolld‘, daß ihr selber ranjeschwojt kämt, und hier sind die Dubbasse! Nu nuscht weiter als ab und nach Haus‘ zu eire Frauensleit‘!“

Die beiden bedankten sich sehr für soviel rührende Menschlichkeit, ein jeder schob sich seinen Vogel unter den Arm, und dann machten sie sich auf den Weg. Den hätten sie in einer Viertelstunde bewältigen können, aber sie waren eben zwei Danziger Bowkes, und was so einer ist, der muß nun einmal alles Gute wie Böse erst nach althergebrachter Weise begießen: Von der Wiege bis zur Bahre trinke Klare, trinke Klare! Das will wörtlich genommen werden: Bringt die Mutter das Kind zur Welt, feiert der Vater das Ergebnis mit Klaren. Verlobung, Hochzeit, Kindtaufe und Tod, alles wird von allen, sobald sie dazu in der Lage sind, feierlich begossen. Sind sie dazu, nämlich im Falle des eigenen Todes, nicht mehr imstande, tun die anderen es für sie um so mehr und pflegen dabei zu sagen: „Im Sinne des Entschlafenen!“ Das ist unerschütterliches Danziger Brauchtum.

Kein Wunder also, daß Welutzke, als die beiden Labommels, den Vogel unterm Arm, den Lohn in der Tasche, durch die Näthlergasse schoben, plötzlich stehenblieb, auf eine kleine Kneipe deutete und vorschlug: „Bollermann, da drieben mißd‘ wir doch nu woll einem abbeißen oder nich? Sag‘ deine ehrliche Meinung!“
„Nuscht als rin und paar Machandelchens jegurjelt!“
„Und mit‘s blonde Axjenbier nachjespielt!“
Drinnen hängten sie ihre Mützen an zwei Kleiderhaken und die Gänse darunter. Dann nahmen sie Platz, und der Wirt setzte sich zu ihnen. Nach einiger Zeit stand er auf und hängte Bollermanns Vogel an einen Haken neben der Ausgangstür, diejenige Welutzkes neben die Küchentür: „Damit se mich nich die neie Tapet‘ anschmieren tun!“ Das war verständlich, und man wendete alle Aufmerksamkeit zunächst den Macheikes und den Hellen zu, bis Bollermann die erste Lage Grog bestellte, zu dem feuchtfröhliche andere Gäste schon längst übergegangen waren. Auf den Grog folgten die Männerwitze, die mitunter quer durch die ganze Gaststube erzählt wurden, obwohl ein paar Damen anwesend waren, die indes auch einiges zu vertragen schienen, auch von Witzeleien und den sich anschließenden fröhlichen Liedern, die gleichfalls immer handfester wurden:

Wi hewwe dem Schlunk noch lange nich voll,
Wi sind noch lange nich duhn.
Und wenn di duhn sind, dänn gohn wie schloape,
Und wenn wi schloape gohn,
Dänn sind wi duhn, hallo!

Mitten in diesem fröhlichen Kehrreim sprang Welutzke plötzlich auf, war sofort an der Tür‘, riß einem gerade das Lokal verlassenden und sogar recht attraktiven Mädchen die

Gans unterm Arm weg und rief: „Das kännt‘ dich so jefallen, du Deiwel auf Socken: Erst läßte dir von de Gäste mitnehmen und freihalten, dänn biste auch noch so frei, de Gäste ihre Gans mitzunehmen. Her mit dem Vogel, oder ich spenker dir achtkantig raus und zerjel dir perseenlich auffe Pullezeiwach‘! Die ieberheeren dir da de Personalien und ‘s Jewissen gleich mit!!“
Das Weib war im Nu verschwunden, aber ohne den Vogel, nur mit einem kräftigen Rubbacks von Welutzke in die Südpolgegend. Ein ins Lokal verschlagener Herr mit Zwikker, der sich über diese Grobheit erregte, wurde sehr bald „unsichtbar“, weil ein Kutscher ihm die Guckvorrichtung dick mit Senf beschmierte und ihm androhte, falls er sich weiter ereifere, werde er ihn ein bißchen „bepliesern“. Worauf er zahlte und lautlos verschwand.
Kurz danach machten sich auch die beiden Freunde endlich

auf den Heimweg. Als sie erst einmal tief Luft geholt hatten, legte Bollermann einen Arm um Welutzke und sagte, gerührt wie Klietermus: „Du lieber oller Gnussel, daß ich nu doch noch mit 'ne Martinsgans bei meine Ollsche kommen tu', hab' ich ganz allein dir zu verdanken. Denn hättst du nich wahrjenommen, wie jene Sießsaure von Hinter Adlers Brauhaus dem Vogel all hätt' vom Haken jegrabscht und sich mit ihm wolld' verdinnesieren — meine bessre Ehehälft' hätt' mir de Kab'nad' scheen bescheiert!"

„Und das auch mit Recht. Oder meinste vleicht nich?"

„Wennher? Willste mir auch noch auffe Schaukel setzen?!"
„Na, wie kann einer auch immerzu ein Glaschen Machandel und einen Schoppen Bier nachem andern runterhauen?!"

„Ich bin ehmd 'n Nachkomme von unserm ollen Schoppenhauer! Außerdem — machst du 's denn anders?"

„Ich bin aber nich so knille davon wie du bist."

„Ei, kiek ihm! Mann, hätt' ich dir ehmd an jene Eck' nich im letzten Momang noch jehalten, wärste ieber deine eijne Stelzen hinjeschmort wie 'ne Pogg' auffem vereisten Wallgraben. Und deine teire Ziehgarr' haste dir mit dem Hals von die Gans total zerpliesert!"

„Komisch, daß du aber auch immer 's letzte Wort mußt haben!"

„Kann ich denn vleicht ahnen, daß dich wieder mal nuscht nich mehr einfallen tut?!"

„Mich fällt allerhand ein, besonders wenn ich an mein Eheglick denken tu'! Ich Unnosel hab' ihr doch in meine Ahnungslosigkeit versprochen, heit' mal ganz besonders frieh bei ihr zu kommen und . . . Du, ich glaub', die lauert womeejlich all mittem Teppichklopper hintre Tier' auf mir!"

„Bringst aber doch sowas Scheenes mit! Paß auf: Ganz klein wird se sein, wenn ihr dem Vogel auffem Kichentisch knallst!"

„Meejlich, aber sonst, weißte, mag se mir am liebsten, wenn se mir endlich im Bett hat rinjekriegt. — Ei, und deine Olle?“

„Die hat noch nie jeeißert, daß se dir im Bett mächt‘ haben.“

„Bist ja woll brejenklietrig, was? Nu verzink‘ dir! — Adjes!“

„Jaja, die schwerste Kämpfe muß jeder mit sein‘ sießes Ehejestellchen ganz allein ausfechten, ach ja . . . !“

Der Besuch im Krankenhaus

Frau Röhl, eine der unzähligen Danziger Fischfrauen, die zwischen dem Häkertor und dem Schwanenturm, manchmal auch noch ein bißchen darüber hinaus, von früh bis spät, sommertags bei sengender Hitze, zur Winterszeit bei Schnee, beißender Kälte und eisigem Nordost ihre Ware feilhalten wie schon vor Jahrhunderten ihresgleichen das tat, hat es so gepackt, daß sie vor etlichen Wochen mit einer Lungenentzündung und einem dabei erst entdeckten Herzleiden ins Krankenhaus gebracht werden mußte. Die Ärzte haben alles getan, was in ihrer Macht stand, das körperliche Befinden der Patientin hat sich auch sehr gebessert, nur bleibt sie seelisch niedergedrückt, hat an nichts Freude und verzögert auf diese Weise selber ihre Genesung, wie es der Herr Professor ihr ausdrücklich auseinandergesetzt hat. Irgendwelche Verwandte, die ihr einen Besuch abstatten könnten, besitzt sie nicht mehr, Freundinnen auch nicht, und die Kolleginnen vom Fischmarkt haben dort wie immer alle Hände voll zu tun und keine Lust, nach ihrem schweren Arbeitstag sich noch umzuziehen und ausgerechnet in ein Krankenhaus zu gehen. Denn jede von ihnen hat ihre kleinen oder großen Wehwehchen tagtäglich mit sich herumzuschleppen und deshalb will auch keine all das dort gleichsam gebündelt, sortiert und en gros vor sich sehen. Wer da erst hingekommen ist, so denken die meisten, der kommt doch kaum je wieder heraus. Kehrt er aber dennoch zurück,

dann ist ja immer noch Zeit genug zum Erzählen, was im Grunde keiner wissen will. Nein, ins Krankenhaus kommt man immer noch früh genug — wenn überhaupt noch — freiwillig läuft man nicht dahin.
Frau Röhl liegt mißgelaunt im Bett. Die zerknautschten „Danziger Neuesten Nachrichten" hat sie vom Tischchen gepfeffert, denn darin hat sie gerade gelesen, was für gute Fänge den Fischern eben jetzt beschieden sind und wie der Fischmarkt von den Hausfrauen überlaufen wird. Anstatt nun auch endlich einmal wieder die Ledertasche unter der Schürze vollzukriegen und abends die goldenen Zehn- und Zwanzigmarkstücke in die prallen Leinenbeutel zählen zu können, muß sie hier ihre Tage verbringen, und keiner kann oder will ihr sagen, wie lange das noch dauern soll. Von eigener seelischer Mithilfe erzählen ihr Ärzte und Schwestern immerzu etwas, nur wie sie es bewerkstellen könnte, darüber schweigen sie sich aus.
Während Frau Röhl, weil sie eine ordnungsliebende Frau ist, sich gerade nach der zerknitterten Zeitung hinabbückt, um nicht etwa liederlich zu erscheinen, tritt die Schwester ins Krankenzimmer, schüttelnd mißbilligend den Kopf, hilft aufsammeln und wird dann ihr Anliegen los: „Frau Röhl, draußen ist jemand, der Sie besuchen möchte: eine Frau Hartleib vom Fischmarkt, wie Sie sagt. Aber Sie sind doch noch so krank. Ich weiß nicht recht, ob ..."
„Die Hartleib? Nu werd' ich jesund! Rin mit se!"
„Aber höchstens für etwa zehn Minuten! Länger kann ich es beim besten Willen nicht verantworten!"
„Kennen Sie de Hartleibsche! Wenn die erst ..."
In diesem Augenblick wird hinter der nur angelehnten Tür eine erregte Stimme laut: „Sie, Freileinchen, dauert das da noch lang'? Soviel Zeit wie Sie hat unsereins nich!"
„Nun gut, liebe Frau, aber nicht länger als zehn Minuten, bitte!"
Wortlos fegt die Hartleib ans Krankenbett heran, wendet

sich nach der schon wieder behutsam geschlossenen Tür um und tippt sich dann an die Stirn: „Sone dreibastje Jöre! Die mit ihrem Kußmaul wie 'n sechspfindjer Karpfen solld' lieber knutschen jehen als hier anständje Jeschäftsfrauen ärjern!"

Während Mutter Röhl, erfreut wie eine dem Leben Wiedergeschenkte, zu ihrer langjährigen Fischmarktnachbarin aufblickt, fördert der Besuch sehr sorgfältig und umständlich einen Hyazinthentopf aus der perlenbestickten Reisetasche, wie sie um 1860 hochmodern war, hervor und stellt ihn vorsichtig auf Frau Röhls Nachttischchen mit den Worten: „Da haste ihm!" Kaum kann sich die Beschenkte bedanken, da sprudelt die Hartleib schon weiter: „Hat das infamichte Mensch mich doch draußen wegjegrabscht. ‚Duftet zu sehr!' sagd' se. ‚Ei, was meinen Se, wie's erst auffem Fischmarcht duften tut!' sag' ich, ich sag: ‚Kommen Se man im Hochsommer kurz vor Schluß am letzten Bundchen Aal riechen, was all dreimal abjewaschen und nachjesalzen is und was immer noch kein Aas kaufen will, oder an de Schlei', was im Sicken abjestorben sind!' — Die kiekt mich vleicht dammlich an! Indem, daß se dänn hier bei dir schlabbern jing, hab' ich mein Hyahyatoppchen von's Fensterbrett jenommen und scheen wieder einjestochen. Da is es!"
„Wie nett, Hartleibsche, daßde sogar Blumen bringen tust!"
„Wird'st mir ja sonst bloß bereden, wenn ich mit leere Händ' wär' jekommen! — So, da hast auch noch'n scheenes Bauchstickchen Stremellachs, heit' frieh frisch aus Östlich-Neufähr jekommen!"
„Dank' dir auch scheen. Sieht ja großartig aus, und ich hab' ihm immer besonders jern jemocht! Aber nu fix vom Tischchen runter, daß es nich womeejlich noch 'n Fettfleck setzt!"
„Na, wenn schon! Kann die Karpfenblubber doch abwischen! Wozu is se denn da, Haubenlerche, dwatsche!"
„Doch bloß fier de Pfleje, nich fier's Saubermachen."
„Die würd' ich jagen! Alle fimf Minuten mißd' se mich was

andres ranschleppen: Kaffe, Stullen, Nachtstopp, Zeitung."
„Aber Hartleibsche, wer wird denn jleich so jiftig sein!"
„Jift hält munter. Kiek dich die an, was immerzu Bohnenkaffe lubbern oder Fuselorjum und dazu noch Sticker dreißig Zigaretten am Tag verquasen tun!"
„Die schlucken aber doch 's Jift, und du spuckst es aus!"
„Eiweih! Ich schluck's doch von frieh bis spät. Was muß ich so'n Tag ieber an Ärjer in mir fressen!"
„Ärjer dir lieber nich, dänn lebst länger!"
„Mächtst mir woll auffe Schaukel setzen, was? Du mit deine dwatsche Lacherei wirst auch nich länger leben als ich."
„Meejlich. Vleicht lach' ich mir noch mal dot?"
„Warst nich all nah' jenug dran?!"
„Ach — ja!"
„Siehste, das haste nu von de Huckerei auffem Fischmarcht all die viele Jahr' bei Wind und Wetter!"
„Huckst ja auch! Zuwas huckst du denn da?"
„Weil du mich sonst noch die paar Dittchen wegschrapen wirdst, was es da zu verdienen jibt!"
„Ach nee, deswejen? Was mechtst denn sonst woll anfangen?"

„Ganz einfach: Rentier leben! Is das nuscht?“
„Aber gerad‘ auf de Rentiers schimpfste doch immer so doll?!“
„Ich schimpf‘ einfach auf alles. Das is mein Salz an de Supp‘. — Du, weißt was? Ohne dir is jar nuscht nich mehr los auffem Fischmarcht!“
„Nu heert ja allens auf. Warum denn nich?“
„Weil ich mir, wenn du nich da bist, gar nich mehr so richtig ärjern und boßen kann.“
„Quassel nich kariert, Hartleibsche, erzähl‘ lieber was es Neies jibt!“
„Ach, so gut wie gar nuscht. — Die Krellsche ihre Tochter, die hat morjen Polterabend.“
„Die hibsche Ipp‘je mit das helle Haar?“
„Wo hat das Weibsbild denn die Hibschheit sitzen? An die knoch‘je Brust oder im Wasserstoffsuppenexilhaar? Der ihre Ständer sind doch auch viel zu lang und zu dinn und ...“
„Kannste denn an keinem Menschen was Gutes lassen, du Kreet?!“
„Wo nuscht Gutes nich is, kann auch keiner was hinmachen.“
„Dwatsche Spinatwachtel! — Wem will se denn heiraten?“
„Bartsch seinem Jingsten, was Strompullezist is. Der Knallkopp hat ehmd keinem Jeschmack nich.“
„Ach, wie mir das immer freien kann, wenn zwei so nette junge Leite fier‘s Leben zusammenjehen! Hartleibsche, de Liebe is doch warraftig ‘s Scheenste vom Dasein! Meine Jiete, kännt‘ ich nochmal wieder jung sein, alle meine Dummheiten machd‘ ich jern nochmal!“
„Nu seh‘ bloß einer die olle Schachtel an! Das schlabbert wie ‘n verliebter Schneiderlehrling!“
„Wieso jerad‘ Schneiderlehrling?“
„Na, die sind doch meist so muggrig, und die Muggrigen sind meisten so scharf wie ... wie denen ihre Nähnadeln!“
„Was Nettres fällt dich denn nu woll nich ein, was?“
„Röhlsche, was se in die Biecher und im Kientopp von de

Liebe fleeten, is allens Beschiß. Jeder Bellert wo in de Häkergass' is ehrlicher: jeht ran und leift wieder weg. De Menschen machen es kein bißchen besser, se garnieren man bloß allens mit dem Schwindel von de Liebe."

„Eh was, ich mächt' schon jern nochmal so verliebt sein wie vor jene vierzich Jahrchens, als ich mit meinem Willi jing. Alle Knochen hätt' der einem knicken können, wenn wir in Heibud' oder Bohnsack in de Dienen huckden. Und denn erst auf unsre unverjeßliche Westerplatte! Wenn wir da so am Strand oder draußen auffe Mol' am Leichtturm saßen und er spield' auf sein' Schifferklavier, und de Sonn jing so jliehend im Wasser unter, — war das scheen! Jeredt hat er ja nich viel, der Willi, aber w e n n , denn jing einem das runter wie'n Jedicht. Der Willi hat mir auch nie nich verjessen, das weiß ich, und ich ihm auch nich, das kannste glauben!"

„Ach, und darum haste denn auch 'n ganz anderen jeheiratet, nich?"

„Willste mir ärjern? Weißt ja, wieso ich mißd'. — Na, und du? Haste nich auch 'n Mann jenommen?"

„Und was hab' ich jehabt, als der starb? Ne Stub' voller Bäljer und kein Jeld inne Fupp!"

„Ja, Hartleibsche, Ehe is ehmd 'n Lotteriespiel, bloß ohne Achtelchen: Mußt immer jleich 'n janzes Los nehmen! — Na, das wie das und eins mit's andre, bist aber doch scheen jesund jeblieben und hast kännt tichtig arbeiten und 's zu was bringen."

„Du immer mit deine schuckerne Arbeit! Dwatsches Jeschlabber ist das, denn eijentlich will dabei doch jeder bloß dem andern beschubsen. — Jibst es zu?"

„Wieso? Kannst doch ehrlich bleiben dabei!"

„Nee, das jeht ehmd nich im Jeschäftsleben. Wer dazu zu dumm is, muß beschissen werden, weil er so dämlich is, und wer jerieben is, dem lejt man erst recht rein — oder er dir! — denn sonst kemmt einer ja nie nich zu was."

„Nu sag‘ du man noch, das is Menschenliebe!“
„Menschenliebe? Vleicht noch Nächstenliebe? Wo de Leite so schlecht sind? Neenee, wer mir beßraucheln will, dem beßrauchel ich auch, und wer mir n i c h anschmieren will, dem schmier‘ ich dreimal an, damit der ‘s gar nich erst versucht! So sieht das doch inne Wirklichkeit aus!“
„Aber, aber! Is das denn nu woll recht?“
„Recht jibt‘s immer nur fier de Reichen. Wenn unsereins klagen tut, so wie ich damals wejen die verdorbne Marinaden, denn muß er blechen. Die Zrohrs kännen ehmd besser schlabbern, darum jewinnen se immer. Einer von die Dichters hat mal jesagt, ‘s Recht steht in de Sterne. Siehste, darum is es auch so weit weg von uns!“
„Bist aber trotzdem noch zu allerhand jekommen — oder nich?!“
„Ich armes Tulpchen? Meinste vleicht mein Hauschen auf Karpfenseijen? Oder jene kleine Villja in Zoppot? Oder mein Schwarzseidnes fier am Sonntag und zu de Feiertage? Soll ich denn da am End‘ a u c h noch in de Marchtkluft rumlaufen?!“
„Ei, und was du allens an Schmuck hast, is das nuscht nich?“
„Nu heert sich ja alles auf! Meine paar Ringe, zwei Broschchen, ein Armbandchen aus Gold und de Bommelchen in de Ohren, das is was?!“
„Jawoll! Und ob das was is! Denn jene Bommelchen sind Brillantbommelchen, und auf dem einen Ring sitzt auch so‘n Flimmerding, so groß wie ‘ne ausjewachsne Erbs‘!“
„Na, und?! Soll ich mich wen‘jer leisten als die andern? Nuscht zu machen. Platzen sollen se!“
„Und dein Jeld dazu? Und denn schimpfste immer noch auf de Reichen? Kriegst woll dem Schlunk nie nich voll? Bist richtig ‘ne wohlhabende Frau und willst immer noch mehr!“
„Meine paar Plauzfenn‘je auffe Bank und im Strumpf, das nennste auch noch Reichtum? Ei, was haben andre Leite allens?!“

„Aber wie viele besitzen doch viel wen'jer als du!"
„Sollen se woll mehr haben dirfen als ich, wo ich mir so abmarrachen muß? Röhlsche, ganz unter uns zwei beid: Mit 'ne Fupp voll Jeld schimpft sich's viel besser auf de Kap'talisten als ohne. Man regt sich wen'jer auf dabei, und die, was keine Ahnung haben, die imponiert das wie doll!"
„Mir lächert! Da haste mal de Wahrheit jesagt, olles Lachodder!"
„Dwatsche Trin'! Immer mit deine Lacherei, infamichte! Hat dir der Deiwel nich ehmd beinah' all jeholt, und schon biste wieder frech? Du verschrumpelte Kräh', zu was haste all die viele Jahr' deinem Fischmarchtstand neben meinem, hä?! Ich kann dein schuckernes Jelache nich mehr heeren, heerst? Jeh' lieber weinen ieber all das Elend unter de Menschen! Unsereins mecht' rein verzagen am Leben, und sowas Kreizdammliches lacht in eine Tuhr! Am liebsten mächt' ich dich eine knallen, mich is bloß de Hand zu schad'! — Na, gnedderst' all wieder?"
„Hartleibsche, du frißt dir noch selber auf!"
„Besser mir als andre. Bin ja keine Menschenfressersche nich. So, und nu hau' ich ab, und du krepier' meinswejen an deine molsche Lung' und an deine oberfaule Lacherei!"
Ohne Händedruck, überhaupt ohne Gruß verläßt der Besuch das Krankenzimmer. Aber gleich darauf öffnet sich die Tür wieder: „Du was ich noch sagen wolld': Röhlsche, werd' bloß bald jesund, heerst? Ohne dir is das nuscht auffem Marcht, und ... Wenn ich nächsten Sonntag wiederkomm', vleicht daßde denn lieber Spaltaalchen haben mechtst als Stremellachs? Natierlich, wenn 's der Zufall will und wir kriejen womeejlich 'n Stör, wo aus Schiewenhorst oder von Hela her, denn bring' ich 'n scheenes Bauchstick mit. Dadrauf kannste dir verlassen, daran sollste dir jesundmuffeln ... Ei, und wie is das mittem Goldwasserchen? Darfste all? Aber nei, fier das viele Fett wird 'n Kornchen oder 'n Macheike besser sein. — Ich bring'!"

Die Schwester schiebt sich dazwischen: „Nicht länger als zehn Minuten, so hatte ich gesagt, Frau Hartleib. Ich muß doch dringend bitten ...“ Aber der Besuch schaukelt schon eilig über den langen Flur davon.

„Frau Röhl, welch eine fürchterliche Person!“

„Der reine Deiwel!“

„O, wäre ich doch nur früher gekommen, Ihnen beizustehen!“

„Ei, Schwesterchen, denn wären Se gleich mit abjebraten worden!“

„Ich will veranlassen, daß ihr der Zutritt fortan untersagt wird!“

„Um Gottliebs willen! Auf die Weis‘ werd‘ ich n i e nicht jesund!“

„Das begreife ich nicht, Frau Röhl!“

„Ich eijentlich auch nich, aber es is woll schon so: Vierzig Jahr‘ ärjert die olle Schraub‘ sich ieber meine Lacherei, und das hält ihr so richtig jesund. Vierzig Jahr‘ lach‘ ich ieber de Hartleibsche ihre Jiftigkeit, und das hält m i r munter. Einer braucht ehmd dem andern ...“

„Sollte das wirklich so sein?“

„Warraftig! Vorhin, als se abschob, sagd‘ se noch, ohne mir wär‘ das nuscht nich auffem Fischmarcht. Und ich sag‘: Die olle Jiftspritz‘ hier hat mich besser jeholfen als all eire Tabellchen, Zislawängchen und Manometerchen. — Schwesterchen, nu bin ich bestimmt bald wieder ganz jesund, und denn kännen Se mir an mein‘ Stand am Tobiastor mal besuchen kommen und selber sehen, was de Röhlsche all wieder wurrachen kann, eiweih!“

„Aber jetzt: Ruhe, Ruhe, Ruhe, Mutter Röhl!!“

„Aber nei! Grad‘ das nich! Leben brauch‘ ich um mir rum: Menschen, Kunden, Kähne, Mottlau, Meewen, Dampfertuten, Teerjeruch von de Speicherinsel, Duft von de Reicherflingern und de Aaleken und denn noch jedes halbe Stundchen de Glocken von Sankathrinen ... !“

Beim eingefrorenen Franz

War das mal wieder ‘ne Silvästerstimmung in Danzig! So richtig zimftig, mit viel Schnee auffe Dächer und in de Gassen, de Mottlau all zujefroren und bloß inne Mitt‘ von des Eisbrechers freijehalten. De Meewen kreischden ieberall und besonders ieberm Fischmarcht. Wenn wo ‘n Mensch dem Mund aufmachen tat, hätt‘ der gleich ‘ne Fahn‘. Nei, natierlich nich die, was Sie wieder meinen — man bloß eine aus Wasserdampf, von wejen jefrorene Puste ...
Als Bollermann inne Frieh‘ seine Stullen, dick mit Reicherspeck, mit Pommersche und Werderkäs‘ belegt, verdrickt und zwei Toppchen Kaffe zujetrunken hätt‘, langd‘ er sich jerad‘ dem Schäckert, dem dicken Wollschal fier auffe Brust und de Mitz‘ vom Knaggen und wolld‘ abschieben, weil er doch ‘n paar scheene Schauchen rund ummen Fischmarcht hätt‘. Indem daß er all nach de Tierklink‘ grabbelt, ruft seine Frau, was all de Betten macht, auße Schlafstub‘ raus: „Heit‘ abend bringste scheene Karpfen mit, heerst? So Sticker drei, vier. Und wiejen missen die minimumstens ihre acht, nein Fundchen! — Haste verstande und wirste‘s auch nich verjessen, oller Schussel?“
„Sone Dubbasse sind bißchen selten. Und wie sollen eijentlich wir zwei beid‘ an einem Silväster ieber ‘n Viertelzentner Karpfen verdricken? Bist woll noch nich ganz wach, hä?!“
„Dussel, dreibastjer, hast all wieder verjessen, daß wir heit‘ abend nich allein sind und auch nich zu Haus‘?“

„Ei, Muttchen, wo sind wir denn sonst? Speisen wir vleicht im Ratskeller oder im Danzjer Hoff?!“

„Hab‘ ich nich immer jesagt, bei dich fällt jedesmal de Hälft‘ durch ‘m Rost?! — Bei meinem Bruder Franz und seine Frau sind wir: bei deine so innigjeliebte Schwäjerin Wanda!“

„Au, fein! Das jibt ‘n Festängchen!“

„Mach‘ nich gleich wieder verliebte Naslöcher! Welutzkes kommen iebrijens auch. Die werden Jetränke mitbringen, wir haben fier de Karpfen zu sorgen. Wanda hat de Porzeln und de Räderkuchen iebernommen. Na, weißte nu jenug, oller Gnussel?“

„Ach nee, mächtst mir vleicht erzählen, wie Welutzke und ich, wenn wir denn endlich vonne Arbeit kommen — und was fier‘n Fischtag is der Silväster! — noch bis Neienburg jelangen sollen, und ihr Weibsleit‘ ja auch, wo jene Verwandtschaft ja schließlich wohnen tut?“

„Hast all wieder Schlauben auffe Ohren jehabt! Ich hab‘ dich doch vorchte Woch all ausnanderexposamentiert, daß Franz und Wanda mit ihrem Weichselkahn nich mehr rechtzeitig hahm zurickfahren kännen, weil so plötzlich die dolle Kälte is jekommen, und daß se nu hier einjefroren sind. Erinnerst dir rein gar nich, oder wird‘s nu helle in deinem dicken Glumsert?“

„Ja, ich entsinn‘ mir: Am Kielgraben liejen se, nich?“

„Nei, an de Aschbrick‘, Tullas! Na, all wieder de Hälft‘ durchem Rost jerutscht? — Dir missen se als Kind hahm zu heiß jebadet oder was!“

„Meinswejen, aber bis dahin soll ich mir nu mit jen‘ Viertelzentner Karpfen abmarrachen? Ärbarmung! Verlangst ‘n bißchen viel!“

„Hast wieder bloß halb hinjeheert! Ich mein‘ doch acht oder nein Pfundchen z u s a m m e n, nich jeder fier sich, du Dammlack! Und daß mich Spiejelkarpfen bringen tust, keine Schuppenkarpfen, heerst? Weißt doch: Wer ‘n paar von die große, goldje Schuppen vom Silvästerkarpfen im Portjuchhe

aufheben und immer bei sich tragen tut, der is im neien Jahr nie ohne Jeld in de Fupp!"
„Klar, weiß ich, aber 'n Schuppenkarpfen hat doch viel mehr..."
„Brissel nich! Wenn ich sag', ich brauch' Schuppen vom Spiejelkarpfen und nich vom Schuppenkarpfen, denn is das so und bleibt auch so. Meinst, ich will mir vor die andre blamieren, bloß weil mein Mann zu schucker is, de richtjen Karpfen zu besorjen? Du weißt auch rein nuscht nich von sowas, und das, wo du doch immerzu auffem Fischmarcht rumajierst!"
„Zu was hahmse denn da bloß beide Sorten, wenn die eine verkehrt sein soll, hä?!"
„Fier Leit', wie du einer bist. Und nu verfeier dir, aber leifig! Und verjiß nich: Abends um acht biste auffem Kahn. Aber daßde mit die Fisch nich womeejlich nach Neienburg fährst und da de Weichsel nach jen' Kahn absuchen tust!"
„Hältst mir eijentlich fier total verrickt?"
„Total wär' zuviel jesagt, aber 'n bißchen brejenklietrig stellste dir oft jenug an. Und nu ab! Scheer' in de Sohlen!"
„Ei, und wie heißt jen' Kahn denn nu eijentlich, — daß ich ihm am Abend unter all die viele andre auch rauskennen kann?"
„Mit dich is es rein zum Verzagen! Also das haste auch all wieder verschusselt? — Wie wird er denn woll heißen, hä? Heißt natierlich ‚Wanda'. Nach deine innig verehrte Schwäjerin. Tust grad', als ob ihm noch nie nich jesehen hättst, mitsamt dein' Ideahl, de Schipperin mit der ihrem schwarzen Zoddelkopp!"
„Ih, rebbel dir man gar nich so auf! Ich hab' am End' was andres zu tun als..."
„Haste auch. Aber nu schieß im Wind! Jeld haste, 's Netzchen fier de Karpfen haste, — biste noch nich umme Eck'?"
Als Bollermann hernach auffem Fischmarcht sein' Freund Welutzke beinah' hätt' auffe Fieß jepeddelt, da gneddert

der: „Ei, er dir! Hast vleicht de Positionslaternen vertauscht? Hat dir am End‘ deine Sieße jepisackt?“

„Hat se, hat se. Se gnurrt ieber all meine Fehler, die dwatsche Spinatwachtel, und will wieder ihrem Kopp durchsetzen ...“

„Spinatwichtel und so? Ich weiß aber noch sehr jenau, wie du frieher jeschlabbert hast, du känntst dir einfach nich mehr vorstellen, wie du ohne ihr sollt‘st weiterleben!“

„Erbarmung! Und heit‘ kann ich nich begreifen, wie ich mit se so lang‘ hab‘ weiterleben können!“

„Meeensch, wenn se das wißd‘, die wird‘ dich de Karbenad‘ schon bescheiern!“

„Ob se das weiß! Aber Jewohnheit macht miede. Ganz frieher hat se süßsauer jelächelt, wenn se andrer Meinung war als ich und mir verhohnepiepelt. Denn fing se an zu belken und mit ‘m Feierhaken oder was se sonst konnd‘ kriejen, rumzuramentern, indem daß se mir wolld‘ einschichtern. Miteins kam ‘ne Zeit, da schmiß‘ se mich, wenn se in Braß kam, de nächste Kastroll‘ oder de Bratpfann‘ im Kreiz. Aber heitzutage sind die kreetsche Dinger ja zu teier und manche auch all elektrisch jeworden. Davor hat se ‘n Bammel, ‘n ganz aas‘jen.“

„Meine is bei‘s gute olle Rollholz jeblieben, wenn se meint, se muß mal dem Herrn im Haus spielen. Wär‘ ja nu weiter auch nich so schlimm, denn hinterher wird ja doch Verseehnung jefeiert, bloß se mißd‘ nich immer so dwatsche Winsche ausbrieten!“

„Na, was will se denn allens haben?“

„Neierdings treimt se immer von ‘nem Hauschen im Freien. — Was soll einer zu sowas sagen?!“

„Haste all ‘n Haus jesehen, was nich im Freien stand? Inne Kich‘ oder im Keller hat doch keins Platz. Das mußte ihr bedeiten!“

„Wenn ich so mecht‘ de Freß aufreißen, denn fragt die mir gleich, ob ich se ‘n Schlag anärjern will, damit daß ich se los bin.“

„Jaja, immer scheen jehorchen und tun, was 's Ehedeiwelchen will! Meins will heit auch was: Ich muß Karpfen besorjen fier auffem Kahn von ihre Verwandtschaft. Und Welutzkes, sagt se, sind heit' abend auch dabei. — Weißt du was davon?"

„Das missen de Wiewers woll unter sich so jedeichselt hahm. Meine will, daß ich soll de Kukilorchen zu jen' Unterwasserverjniejen besorjen. Hat se mich erst bei's Friehstick beijebogen. Se meint: Goldwasser, Machandel, Kimmelchen und so."

„Hat se denn keine Angst nich, daß de dich mit so viele Alkohöler all vorher de Nees' kännt'st bejießen?"

„Wird se vleicht verjessen hahm in ihre Rag' von wejen Papierschlangen, Knallbongbongs und Blei zum Glicksjießen einkaufen. Von sowas wird' se nie nich abjehn; das is beinah heilig fier ihr."

„Wird woll so jewesen sein. — Tja, und jetzt nuscht nich als rin, erst inne Arbeit und dänn im Silväster!"

„Ieberschlag' dir man nich! Erst missen wir abmachen, wo wir uns auffen Ahmd treffen tun."

„Na, ich denk' so kurz vor Uhrer acht in jene Kneip' an de Aschbrick', wo immer de Meebelpackers von Heinrich Hilsen rumhucken und wo auch de Sackträjer von jen' untres End' Hopfengass' immer jehen einem abbeißen, nich?"

„Klar, Thornsche Gass', jejenieber von die ulkje Eisbahn, wo dich all als kleiner Pisian immer hast dein Dubschen so zerstuckert, wenn all wieder mal warst hinjeknallt, daß dich de Tränen man so sind iebre Backen jekullert!"

„Bist du vleicht nich hinjeschmort auf jen blankjefegtes Eis? Einmal, kann ich mir noch besinnen, da biste sogar ohne de Schlittschuh jene hälzerne Trepp' von de Brick' bis an de Kassenbud' unten auffem Podex runterjeglibbert und hast dänn jebelkt wie 'ne anjestochne Sau auffem Schlachthof!"

„Meinswejen. Jedenfalls wissen wir nu beide, wo heit ahmd der Treffpunkt is. — Also bis dänn!“

„Hau ab, Schucker, verzink‘ dir!“

Sie hatten es den Tag über beide nicht leicht, die alten Freunde, denn auch dieser große Fischtag hatte es wieder einmal in sich, an Lauferei und Asterei, aber sie schafften es. Als es vom Ratsturm läutete „Befiehl du deine Wege . . .“ und darauf die acht Stundenschläge folgten, waren sie soweit.

Welutzke huckd‘ längst in jene Destill‘ mit seine halbkaputte Aktentasch‘, was ihm Schucker-Brunchen mal hätt‘ jeschonken, und auch noch mit ‘ne kleine Luschke voll Pullen. Um aber dem Wirt nich zu vergrätzen, hätt‘ er sich noch extra ‘n Flaschchen Starkstrom bestellt, gleich fier Freind Bollermann mit, was ja bald mußd‘ einlaufen. Auch ‘n Pungel Lose lag auffem Tisch. Welche davon hätt‘ Welutzke all zerknautscht, weil se nuscht als Nieten waren jewesen. Aber er kaufd‘ leifig neie: einmal, weil heite hier Jänseverwirflung wurd‘ abjehalten, zweitens weil dem Wirt seine schicke Schwiejertochter, was jene nummrierte Zettelchens verkaufen tat, fier ihm so richtig ‘n Marjellchen nach Maß war: Wasserstoffsuppenexilfrisuhr, scheene mollije Mitteljreeße mit vorn wie hinten richtig was drauf, fijuchlije blaue Guckelchen und volle Kußlippen . . .

Als endlich Bollermann mitte Karpfen anjesejelt kemmt, befiehlt Welutzke bloß: „Da huck‘ dir hin und jieß dich ein! Und dänn zahlste zweifuffzig, aber dalli — jleich jeht‘s weiter!“

„Fier was soll ich soviel Eierchens ausspucken, du Leidack?“

„Fier fimf Lose, was verloren haben, indem ich fier dir jleich mitjespielt hab‘, damit de auch Jewinnmeejlichkeiten hast.“

„Wie ich dir kennen tu‘, haste dir man bloß vor jene ipp‘je Blonde dicktun wollen von wejen viel Jeld inne Fupp‘!

Biste bloß schucker oder jetzt all besoffen? — Ich denk' nich dran, Freindchen!"
„Ei, wenn ich dich aber hätt' sonem feisten Vogel als deinem Jewinn auffen Tisch jeknallt, hä?"
„Haste aber nich. Bloß mit die stramme Majell haste was, oder wenigstens haste was fier ihr ieber, du Dongschuahn!"
„Dänn hilf mich wenigstens dem Starkstrom auslubbern, du Rachull!"
„Ich hab' all Sticker vier, fimf in de Reepergass' hinterm Schemisättchen plätschern missen, mit zwei Steierleit' aus Breesen."
„Ei, und ich erst bei Frau Senger am Buttertor mit Delleske aus Bohnsack und einem aus Schiewenhorst, was Neinaugen hätt' jeliefert und auffen Dampfer warten tat. Na, und diese Buddel is auch all halb leer. — Man tut ehmd, was man kann. Prost!"
„Prost, aber dem Rest schluck' du dänn man auch noch aus!"
„Nee, nu bis du dran. — Rin im Schlunk, Augen zu und runter!"
Als die zwei beid' Labommels bald danach im Freien treten, missen se erst ganz tief Luft holen, so richtig bis im großen Zeh rein. Als se dänn an jen' Holzjeländer zwischen de Aschbrick' und die fiixniedlije Selterbud' längsschrammen und nach de Mottlau runterkieken, liejen da warraftig drei so'ne Dubbasse von Weichselkähne im Eis, und der letzte heißt denn auch ganz richtig „Wanda".
„Meeensch, da miss' wir nu runter", schlackert Bollermann mit de Ohren und zeigt über jen' Jeländer und die beschneite Böschung in die Tiefe, wo die Laufplanke zu dem bewußten Kahn sichtbar wird. Dänn reißt er sich am Riemen und sagt: „Los, komm mich nach ieberm Jeländer — hopp! So, nu helf' ich dich bei de Luschke mit de Buddeln, dänn grabbelst noch die Pacheidels rieber, und dänn ab!"
Was nu kam, hätten die Leidacks sich ja denken kännen. Taten se aber natierlich nich. Und auf die Weis' kommen

unsre Bowkes mit's Karpfenpungelchen, mit jene Luschke voll Buddeln, mit die kaputte Aktentasch voller Kukilorchen und was sonst noch is, bergab auf jene doll steile Böschung miteins ins Glibbern, immer doller. War ja klar wie Klärchen. Daß se aber so aasig rasch runterschorren wirden, daß se unterwejens all ihre Bagasch' weit verstreien und auch noch mit de Fieß' im eisigkalten Mottlauwasser zu liejen kommen — weil de Schiffers doch immer das Eis rund um ihren Kahn aufhacken und die Stickers hochkant aufstellen — das hätt' ihnen nich mal 'ne janz olle Zijeinersche voraussagen jekonnt hahm. Ja, nu is Holland in Not!

Ihre Rettung is Bollermann sein Schwager, jen' einjefrorner Mottlau- und Weichseladmiral. Der muß woll was jeahnt haben. Denn er lauert all lang' an seine Reling und guckt in all jen' aufkommenden Nebel und dem Rauhreif zwischen de Aschbrick' und jene Selterbud' hoch oben ieber ihm und sein Flaggschiff. Kaum heert er nu miteins das Schurren, Ramentern und Krachen, is er all klar bei Bootshaken. Dem fiert er mitten mang de Schollen und 's offene Wasser und angelt die zwei Besuchers ihre Fieß raus. Dänn kemmt er auch schon mit 'ne Latern' anjescheddert und bugsiert die jenau halbnasse Mochums zurick bis am Laufbrett, was an Bord fiehren tut. Denn sammelt jen' Jemietsmensch immer mit de Ruhe auch noch alle Pacheidels und die Pullchens, was noch nich zertäppert jeworden sind, wieder auf und reicht allens jen' vor Frost bibbernden Mannsbildern auffe Laufplank' rauffer. Zum Schluß entert er selber jen' Brett und fiehrt de Jäste mit all die ihr Jepäck runter bei seine Frau, jene schwarzjelockte Wanda mit's joldne Jemiet.

Wie die nu die zwei vor Frost von ihre Eisbein' bis an die Karbenad' rauf schuddernde Mottlauabhangschorrer sieht, filtriert se jedem erst 'n ieberstarken Grog ein. Als se dem ausjelubbert haben, stoppt se se nebenan in de Ehebetten und bedeit't se, janz jeduldig darin liejen zu bleiben, weil se sich erwärmen missen und weil sie, de hilfreiche Wanda, mächt‘ Reservebixen, Unterbixen, Socken und eins mit‘s andre von ihrem Franzchen seine Sonn- und Feiertagskluft in Ruhe außem Wandschrank rausklavieren. Bollermann und Welutzke missen sich bloß noch ‘s nasse Zeig vonne Jlieder zerjeln und ihr durche Tier rausreichen, damit daß es ummen Herd rum‘ auf ‘ne Wäschelein, was deicht daneben hängt, trocknen kann.

Während Wanda die maroden Mochums, was mitemmal ganz erschöpft inne Betten fallen, zu ‘ne trockne Kluft verhelfen will, is draußen all wieder was los: Mit bannig viel Verspätung, Jekreisch und Mareiß kommen endlich die all ieberfälljen Ehefrauen, was sich in de Dunkelheit verbiestert haben und dänn auf jen‘ Abhang runterglibbern, aber ganz sacht und auffe Podexe, unten, und noch ziemlich weit von‘s Aufjehackte entfernt, zum Halten . . .

Wieder is Franzchen auf Posten. Jestärkt durch bestes Zielwasser, was er in de Scheßkentasch‘ versteckt trägt und wovon er zwischenein immer wieder ‘n Schlubberchen nimmt, packt er fest, aber mit Jefiehl zu und jeleitet die Damens schließlich ieber jene Plank‘ und iebre Trepp‘ runter in die mollje Kajiet‘. Wie se nu gerad‘ dabei sind, ‘s Kopptuch, Mantel, Schal und eins mit‘s andre abzulejen und dänn mittem Kammchen de verruschelte Frisuhr wieder inne Reih zu trimmen, fragt Bollermannsche auch all: „Ei, und wo sind denn unsre Mannsleit? Die mißden doch eijentlich längst anjekommen sein?“

„Sind se auch“, grieflacht Franzchen und zeigt mittem Daumen nach jen Schlafkabinettchen: „De Männers waren bißchen inne Ritz jeschorrt und hahm sich aasig verkiehlt. Wanda is sehr besorgt, daß se se rasch und anjenehm wieder warm kriegt.“

Erst is de Bollermannsche starr vor Staunen, dänn belkt se los: „Was, mein Mann im Bett? Und hier? Mitte Schwäjerin? Das will ich sehn! Und schon reißt se de Tier auf und is drin. — Was se bei jene triebe Eelfunzel zu sehen kriegt,

verschlägt ihr fier'n Momang de Sprach, aber dänn legt se los: „Hoch, du treiloser Ehebrecher, infamichter! Schämst dir gar nich, hier bei deine leibliche Schwäjerin zu schlafen, Unnosel?! Sofort nimmste de Finger von se, oder ich kenn' mir nich mehr vor Wut! Ich vertopp' dir, daßde dir selbst nich wiedererkennen tust!!"
Aber Bollermann riehrt sich nich. Sein im Schlaf seitwärts abjerutschter Arm, ja, jen' Arm, der endet immer noch und weiterhin irjendwo unter 'nem recht malerischen weiblichen Morjenrock, was ganz jewiß Wanda jeheeren tut. Und unter jen' jroßgebliemten totschicken Morjenrock bewegen sich miteins menschliche Glieder. Wie nu de Bollermannsche in ihre jrenzenlose Wut ehmd zupacken und Wanda des Ehebruchs überführen will, kemmt doch 'n ganz verruschelter Kopp hoch, und mit ganz verplierten Augen fragt der schlafbedusselte Welutzke: „Muttchen, is . . . is all Weihnachten?"
Da kann sich selbst die eben noch so wietende Bollermannsche nich vor Lachen halten, aber se macht das still fier sich ab, denn pletzlich berappelt sich nu ihr Oller . . . Der kemmt ganz langsamchen hoch, linst verständnislos einmal um sich

rum, grabbelt mit alle Finger zurick im Bett, schlackert erstaunt mittem Kopp und flistert, wobei er de Augen wieder zuklappt: „Ich glaub', ich hab' mir naßjemacht . . . !"
Nun ist es aus. Sogar Wanda, was inzwischen all längst de Karpfen hat ausjenommen und aufjesetzt und nu von ihrem Mann seine Sonntagskleidage 'n Pungel gute Bixen, warme wollne Unterbixen und Strimpf' anschläppt, muß sich rein bejuchen, am meisten ieber Schucker-Welutzke, weil der noch immer mit jen' gebliemten Morjenrock kämpfen tut. Das Prachtstick muß er sich in seine Duhnität woll wo vom Bettpfosten runterjegrabscht und umjewirjt haben, so richtig malerisch drapiert wie 'ne Kinokön'jin, Henny Porten und so . . .
Endlich war es denn wirklich soweit: De zwei Mannsleit' hätten wieder trockne Klamotten auffem Leib, de Karpfen in Bier waren fertig, kamen auf dem scheen jedeckten klei-

nen Tisch, und nu jing's Essen los. Frau Bollermann ließ ihren Ehesinder sogar neben seine heimlich-unheimlich verehrte Schwäjerin Wanda sitzen und ihr Kulleraugen machen in eine Tuhr — so vergniejt war se darieber, daß nuscht Ernsthaftijes nich passiert war.

Nachem Essen, eh' de Tellers wurden zusammenjesammelt, reichd' de aufmerksame Wanda jedem 'n Stickchen buntes Papier fier die Schuppen, damit se alle sich paar kennten aufbewahren fier's neie Jahr. Dänn wurden de ersten Schnäpschen und Likeerchen einjegossen und zu de Musik vonnem kleinen Bordgrammophonchen, was all 'n bißchen verkratzte Stimm' hätt', wurd' jetanzt, soweit de Reimlichkeiten das zuließen. Hauptsach' war ja de Freehlichkeit. Keiner war gnietsch oder womeejlich eierboßig, nei, jeder machd' mit, bis ihnen allen de Pust' ausjing.

Wanda bringt ja denn nu Nüsse, Krachmandeln, Thorner Katharinchen, Steinpflaster, Marzipan und Traubenrosinchen fier zum Knabbern. Zwischenein wird' auch wieder anjestoßen, und de Mannsleit, was ja nich immerzu bloß scharfe Sachen zischen wollen, spielen kräftig mit kleinen Hellen nach ...

Natierlich hat Wanda auch fier's Bleijießen allens vorbereitet. Auf jen' Kombüsenherdchen wird jedesmal in 'ne olle kleine Kohlenschaufel 'ne Portion Blei, Zinn und was sich 's Jahr ieber an sowas in die drei Haushalte hat anjesammelt und was fier diese feierliche Stund' is aufbewahrt jeworden, flissig jemacht, und einer nachem andern muß nu mit 'nem Schawung sein Glick im Eimer voll Wasser jießen ...

Als es an de große Deiterei jeht, hahm fast alle sich Jeld jegossen, Franz sein Jebilde is einwandfrei 'n Sejelschiff und Welutzke seins sowas wie 'ne Lokomotiv'. Bei Bollermann sind de Frauen sich nich einig, indem ihm seine Frau behauptet, daß mißd' unbedingt 'n Herzchen sein, während Frau Welutzke meint, es mißd' ne Uhr vorstellen oder 'ne Pulle. Weil se nu Wanda ihr Ding als Wieje deiten, wenigstens de Bollermannsche, wär' 's beinah zwischen de Bollermänner zu 'nem dammligen Zerwirfnis jekommen, wenn nich Franzchen schnell hätt's Weihnachtsbaumchen anjestochen. Im gleichen Momang hat Wanda ihrem Franz auch noch de Sektbuddelchen zurechtjestellt, und Frau Bollermann und Frau Welutzke reicht se nu de Gläsers zu, was nochmal ieberpoliert werden missen. Als allens fertig und auch all injegossen is, kiekt Franz erst auf seine Taschenzwiebel, dänn nach dem Regulator anne Wand. Auch die Freinde sehen nach de Uhren, weil es mächtig auf Mitternacht geht. Zuletzt macht der Schipper als Hausherr de Luck' nach draußen auf, und alle horchen in de Nacht nach oben, wo strahlend de Sterne stehen ...

Und dänn kommt jen' Augenblick, dem kein Danzjer je vergessen kann: Auf einmal jehen feierlich all die viele Glocken von alle Türme. Ieberall im Hafen heilen de Schiffssirenen, irjendwo in der Ferne knallen kleine und große Bowkes inne Luft, und zwischenein winscht sich alles jeriehrt: „Prost Neijahr!“ — Das tun denn auch Welutzkes, Bollermanns und ihre Verwandtschaft auf jen' Weichselkahn „Wanda“.

Der verkannte Forscher

Professor Pehlke, genannt der kleine Ottokar, war noch einer der alten Oberlehrer aus der Zeit vor dem Ersten Weltkrieg, von denen jeder dritte einen Kauz, wenn nicht gar ein Original darstellte. Er war aus der Kulmer Gegend an eine der fünf höheren Schulen Danzigs versetzt worden, und Deutsch war sein Hauptfach. Neben seinem eigentlichen Beruf, zu dem er sich wirklich berufen fühlte, widmete er sich mit aller Leidenschaft der Mundartforschung. Darum war er über seine Versetzung in diese alte Handels- und Hafenstadt, die auch noch ein für dieses Fach recht ergiebiges Hinterland hatte, ganz besonders erfreut. Schließlich galt ja nicht nur das Danziger Platt und seine Abarten als interessant, sondern auch das vor allem in der Stadt selbst gesprochene Missingsch mit seinem eigenen Wortschatz.

Allerdings war es für den Gelehrten, zumal er schon durch seine Jockeymütze, die er anstatt des nun einmal üblichen Hutes trug, und überdies durch sein scharf akzentuiertes Hochdeutsch überall auffiel, durchaus nicht leicht, bei der zurückhaltenden, manchmal geradezu mißtrauischen Bevölkerung Verständnis oder gar Aufgeschlossenheit für seine Forschungen zu gewinnen. Überdies brachte der kleine Ottokar Fragen, die ihm gerade wichtig vorkamen, alter Gewohnheit gemäß, auch bei Erwachsenen überall so an, als hätte er Schüler vor sich, die eben ganz einfach zu antworten hatten, und das so schnell wie möglich.

Wo auch immer Professor Pehlke auftauchte, ob auf der Speicherinsel, auf Mattenbuden oder Langgarten, auf dem Fischmarkt oder rings um den Dominikanerplatz, auf dem Güterbahnhof, vor den Werften, in Weichselmünde oder den vielen anderen Fischerdörfern, es war immer das gleiche: Die Fischer und Fahrensmänner schwiegen sich ihm gegenüber meist aus, die Leute auf dem Land betrachteten ihn mit Mißtrauen, Handwerker und Arbeiter hielten ihn nicht selten für einen Sonderling, in dessen Oberstübchen einiges durcheinandergekommen sein mußte. Mit den an sich gesprächsgewohnten Marktfrauen erstarb jede mühsam in Gang gebrachte Unterhaltung sogleich, wenn offenbar wurde, daß Pehlke eben nur recht viel fragen, aber rein nichts kaufen wollte und daß er immerfort darauf aus war, jede kleinste Auskunft zu notieren. Auf diese Weise gelang es ihm kaum, in den ungeheuren Wortschatz all dieser sonst so schlichten Leute einzudringen. Als er einmal einem Kollegen, der gebürtiger Danziger war und ein Witzbold dazu, sein Leid klagte, riet der ihm: „Spazieren Sie nur einmal in Gehrock und Zylinder über den Fischmarkt und tadeln sie lauthals die Ware der Händlerinnen! Was Sie von denen dann alles zu hören bekommen, füllt allein ein Notizbuch!"

Ottokar Pehlke geht aber lieber mit Vorsicht und ohne Angströhre zu Werke. Scheinbar gänzlich unbeteiligt und meistens halb oder ganz verborgen hinter den mit den Händlerinnen verhandelnden Hausfrauen, schlendert er an den zahllosen Ständen entlang, horcht genau hin und vermerkt jedes ihm bedeutsam erscheinende Wort mit stets gezücktem Bleistift getreulich im Notizbuch. Er kann ja auch gar nicht anders zum Ziel gelangen, aber er ahnt eben nicht, daß er gerade durch sein Herumschleichen im Hintergrund und das ständige Schreiben im Geheimen ein Ungewitter über sein Haupt heraufbeschwört.
Schließlich begnügt er sich sogar nicht mehr damit, ihm un-

bekannte Wörter, ja ganze Satzbildungen, die ihm wichtig erscheinen, nur zu notieren, ohne ihre Bedeutung klären zu können. Er sieht sehr bald ein, daß er nur durch eindringliche Befragung und ausführliche Antworten und Erklärungen Fortschritte erhoffen darf, und das an Ort und Stelle, denn sogar seine in Danzig geborenen Kollegen versagen oft genug, weil sie entweder alles für selbstverständlich halten oder ganz einfach nicht Bescheid wissen. Also muß er bestrebt sein, hier auf dem für seine Forschungen offenbar besonders ergiebenen Fischmarkt mit den Frauen, den Händlern, Standgelderhebern, Fischern und Packern ins Gespräch zu kommen, nicht allein, um immer noch mehr Ausdrücke zu hören, sondern auch, um ihre Bedeutung und Herkunft zu erfahren.

Also beginnt Pehlke gleich bei der nächsten Fischfrau am Tobiastor, durch das er gekommen ist, und fragt nach guter Lehrer Art von Grund auf, was sie denn eigentlich erst einmal für frische Fische führe und wie sie hießen. Bald muß er indes bemerken, daß nicht alles, was sich für die Schule schickt, auch auf dem Fischmarkt richtig ist. Die Alte guckt ganz verwundert unter ihrem schwarzen Flutthut hervor und entgegnet: „Aber das sehen Se doch selber, Herrchen: Ich hab‘ Steinbutt, Pomuchelchen, Hering‘, Stinte, frische Flingern, Haffzanderchen, Bressen, Lachs, Aalchen . . .“

Daß der Dorsch in dieser seltsamen Stadt Pomuchel heißt, daß die Danziger sich sogar selbst als Pomuchelsköpfe bezeichnen, weiß der kleine Ottokar bereits. Aber ob Flingern vielleicht ganz gewöhnliche Flundern sind oder am Ende mit Schollen oder Steinbutt Verwandtschaft pflegen, das muß er erkunden. Die Fischfrau bleibt dabei ganz freundlich und erklärt: „Aber ja doch, Herrchen, Flinger is nuscht weiter als ‘ne Flunder und keine mickrije Scholle nich, heeren Se? So ‘n Schiet freete wi hier nich. Das soll ‘ne Delikatess‘ sein an de Nordsee und da ieberall, wo de Hund‘ mittem Zagel bellen tun.“

Pehlke notiert voller Eifer. Dann möchte er auch noch, immer der Reihe nach, wissen, welche Bezeichnungen die Räucherware führe, und er setzt so recht ungeschickt hinzu, die Kieler Sprotten kenne er bereits.

Jetzt kommt der Bescheid schon viel weniger freundlich: „Kieler Sprotten? Hahmwer hier nich. Zuwas auch?! Die da kommen aus Neufähr, Bohnsack und Bodenwinkel. Bess're jiebt's ieberhaupt nich. — Na, und sonst, Mannchen, hab' ich hier große und kleine Bickling'. Die und de Reicherhering' werden Se ja woll auseinanderhalten können, und jene jestreifte Makrelens, de Maifisch' und de Zärten doch auch, oder sind Se nich von hier? — Was, außem Kulmerland? Daher auch, denn seit de Ordensritters ausjestorben sind, kennen die da unten woll bloß noch Aalchen im Sommer und Eisgang im Winter; dazu saufen se Grog. — Na, das wie das. Die Dubbaneuchen, was ich hier hab', sind keine jebindelte Kreizottern nich, das sind Bundchen Aal'! Daneben liejen Reicheraal' und zwei scheene Spaltaalchen! Sowas sollten Se sich mal bezähmen, falls Se jenug Dittchen in de Fupp' haben. Zum Fingerlecken, Sie!! Is eine von die viele Danzjer Spezialitätchen. — Wollen Se nu noch immer was wissen?"

„O bitte, wie heißt denn das daneben nur alles?"

„Hurrjes, nu langt's mich aber bald! Na, weil Se so'n dwatscher kleiner Gnussel sind und sich so nett belernen wollen: Was ich hier in de Lamäng nehm', is 'ne Reicherflinger, also 'ne waschechte Heibuder Speckflunder. Dänn is da noch Seitenlachs, Stremellachs und Stör, der was doch dem Kawjar im Bauch hat, na nich? Der beste is der Astrachaner, der graue mit die große Körners, aber in Kulm wissen se nuscht nich von sowas."

„Danke, danke!" nickt der kleine Ottokar, der immer noch mit dem Notieren beschäftigt ist und noch hundert Fragen hätte. Da er indes ahnt, daß er die Geduld der Händlerin

fast schon erschöpft hat, bittet er nur noch um eine Auskunft: „Was haben Sie in der riesigen Dose da?“
„Weil das nich all die viele Wirmers sein kännen, was Sie mich auße Nees‘ jezogen haben, werden ‘s ja woll marinierte Neinaugen sein, Sie komischer Knopp, Sie!! Und wenn Se nu noch immer kein‘ Fatzchen nich kaufen und bloß in einem weg im Buch klieren wollen, dänn wird‘s nu Zeit, daß Se in de Sohlen scheeren! — Ei, kommen Se am End‘ spijenieren von wejen Steier oder sind Se womeejlich Krimchen?! Aber nei, die stellen sich nich so dwatsch an wie so‘n Hosentrompeter auße unterste Klass‘ vom Klotzkorkenjimnasjum, die nich!“
Der Forscher entschuldigt und bedankt sich überaus höflich mit dem Bemerken, er würde ja seine im übrigen rein wissenschaftliche Wißbegierde gern ausführlich erklären, befürchte indessen, trotzdem nicht verstanden zu werden.
Damit hat er sich gleichsam mitten in die Bratpfanne gesetzt, denn jetzt wird er von der Alten abgebraten: „Was-chen? Fier dammlich wollen Se mir auch noch verkaufen? Nu verdinnesieren Se sich jefälligst, aber leiflich! — Dwatscher Lorbaß der, will einem erst de Seel‘ außem Leib fragen und dänn auch noch ‘ne anständje Frau auffem Arm nehmen, von wejen nich verstanden werden und so, der Lulatsch, infamichte, mit seine schuckerne Schockeimitz‘ auf de Schusterkugel, wo man bloß Stroh drin is. — Schieß im Wind, du Leidack, los!“
Da lachen die Nachbarinnen und alle Umstehenden, nur Professor Pehlke nicht. Weil er aber weit entfernt davon ist, sich über so aufschlußreiche Ergüsse zu ärgern, gerät er nun erst recht in Eifer und notiert und notiert. Dabei gerät er bald so in Fahrt, daß er, wie in seiner Schulklasse gewohnt, plötzlich einer bis dahin harmlos schmunzelnden Frau mit dem Bleistift eindringlich auf die Brust tippt und fragt: „Lulatsch und Leidack — Erklärung bitte?!“
Als die völlig Verdatterte nicht gleich zu antworten in der

Lage ist, tippt der Forscher nachdrücklicher und drängt: „Na? Nicht aufgepaßt? Oder kommt's nun bald?!"
Es kommt tatsächlich, aber anders als Pehlke es erwartet hat, denn die Frau fährt ihn an: „Finger weg von meine Blus', Sie Lüstling. Und wenn Se schon kein Deitsch nich verstehen, jehen Se doch nach Schul', Unnosel, dreibastjer, und quätschen Se da die kleine Marjellchens von de allerunterste Klass' aus, aber nich mir hier!"
Kaum hat Pehlke den Ausdruck „Unnosel" mit einem Fragezeichen dahinter getreulich zu Papier gebracht, da entrüstet sich eine andere Fischfrau: „Dem drugglijen Lorbaß hahmse doch dem Brejen jeklaut; der is nuscht als meschugge. Kiekt eich doch man bloß dem seine Plieraugen an! Ei, und ihm sein Glumskopp! Der is ja ganz kantig wie so'n Eckstein, wo die Bellerts 's Beinchen hochheben tun!"
Der kleine Professor staunt ob des ungeahnten Reichtums an unbekannten Wörtern und Wendungen, aber als er sich gerade wieder anschickt, auch sie alle gewissenhaft zu erfassen, wächst plötzlich eine geradezu mächtige Händlerin vor ihm auf und dröhnt: „Sie misepetrijer Kumstkopp, heeren Se mal gut zu: Wenn Se jetzt nich so'n zweifündjen Aal um de Freß jeballert hahm oder gleich in de Mottlau mang de Uckleis fliejen wollen, dänn stecken Se auffe Stell' dem Buch da weg und verfeiern Se sich!"
Der Forscher staunt, er begreift aber jetzt auch seine lächerliche Lage und wird zum ernstenmal ernsthaft böse: „Was geht es denn Sie an, ob und was ich notiere? Das ist ja Freiheitsbeschränkung. Lassen Sie mich sofort in Frieden, oder ich muß gegen Sie vorgehen!"
Das hätte er besser nicht gesagt. Im nächsten Augenblick klatscht ihm etwas Klebriges um die Ohren, er verliert die Mütze, und das Notizbuch fliegt weit weg in Richtung Mottlau. Die Megäre aber hält den kleinen Mann am Rockaufschlag gepackt: „Also vorjehen wollen Se jejen mir, Sie Pipendeckel, vorjehen? So'n Heimchen jejen mir?! Daß

ich Ihnen man nich einatmen und an jenen großen Kahn qualstern tu'!"
Alle Leute lachen lauthals über das ungleiche Paar, das da aneinandergeraten ist, als sich plötzlich ein hochgewachsener Mann durch die Menge drängt. Es ist der Fischhändler und Kahnbesitzer Emil Bock. Er hält Pehlkes Notizbuch hoch in der Hand und schilt die Leute aus: „Seid ihr denn mit Mostrich oder mit griene Seif' jeimpft? Beaast bloß dem Herrn da nich; der schreibt doch immer so scheen ieber unser olles Danzig und uns alle hier am Brausenden Wasser, ihr Kuhköpp'!"
„Aber mich hat der mit sein' schuckernen Bleistift auffe Brust rummengeliert!" entrüstet sich die vorhin von Ottokar so eindriglich Befragte.
„Brisseln Se bloß nich, Schimkatsche! Is heechstens 'ne Ehr' fier Ihnen jewesen!"
„Nanu, is er am End' von de ‚Neisten Nachrichten'?" will die immer noch Empörte wissen.
„Ihr dreimal umjedrehten Schucherliesen, das is doch Poguttke in heechsteijne Person! — Kommen Se man her, Herr Poguttkechen, Se können sich auf mein' Kahn da bißchen

beseibern und abäschern! — Platz jemacht, ihr Plieraugen!" So wird der kleine Gelehrte unter allgemeinem Kopfschütteln freundlich in Schutzhaft genommen. Schon unterwegs will er den Irrtum aufklären, aber Emil Bock winkt entschieden ab. Erst an Bord wird er gesprächig: „Achottchen, Herr Professerchen, hätt' ich Ihnen doch man bloß bißchen frieher jesehen! — Jaja, ich weiß, Se sind gar nich jen' Rentier Franz Poguttke. Se sind Professer Pehlke. Mein Paul jeht doch bei Ihnen inne Schul'. Der erzähld' all immer schon, was Sie allens wissen wollen, so von wejen Danzjer Wörter und Ausdricke und Spitznamen und Schimpfnamen und eins mit's andre, damit daß es dänn jedruckt kann werden und jelernt auffe Uneversität als Jermanistik oder wie oder was. Bloß daderwejen brauchen Se sich doch nich hier auffem Fischmarcht rein in Lebensjefahr bejeben, bei die dwatsche Schrullen, was immer bloß de Hälft' von allem verstehen und das auch noch verkehrt, weil se's meistens im falschen Schlunk reinkriejen. — Na, Herr Professerchen, nu polken Se sich man erst de Fischschuppen vom Kopp und vom Schäckert, dänn plängern Se sich bißchen 's Jesicht und de Händ' mit Wasser und Seif' ab, und dänn sehen wir weiter!"

Nachdem der arme Pehlke sich einigermaßen gesäubert und ein wenig erholt hat, bedankt er sich. Und dann läßt's ihm schon wieder keine Ruhe mehr: er möchte so sehr gern noch ein paar Fragen stellen dürfen, nämlich nach der Bedeutung einiger vorhin notierter Wörter. Danach will er auch sofort gehen. Der gemütliche Fischhändler aber hat einen besseren Vorschlag, den er denn nun auch mit aller Vorsicht seinem Gaste unterbreitet: „Äh, wissen Se, bloß paar Fragen, das is ja doch nuscht nich, denn sobald Se erst richtig losjelegt haben, fallen Ihnen doch immer mehr davon ein. Das is wie mit de Mücken auffe Westerplatt': Je mehr einer beklappt, desto mehr kommen anjesummt. Das war all immer so."

„Eine treffliche und überzeugende Feststellung!
„Na, sehn Se! Aber kennen Se eijentlich all unsre ‚Jägerhitte'?"
„Wo denn? Irgendwo in den Olivaer Wäldern?"
„Aber nei doch, Professerchen! Das is 'ne ganz jediegne Kneip' auffe Langebrick', nich weit vom Krantor. Da is es urjemietlich, so mit Nejerspeere, Palavertrommeln, Schlangenhäute, Seesterne, Büffelhörner, chinesische Richtschwerter, Schiffsmodelle, Haifischjebisse, fliejende Fische ..."
„Ich begreife nur nicht, wozu ...?"
„Will ich Ihnen ausnanderexposamentieren!"
„Welch ein merkwürdiger Ausdruck! Was ...?"
„Jeht all wieder los mit de Fragerei! Hab' ich's nich jesagt?!"
„Was soll ich denn aber sonst tun, um vorwärts zu kommen?!"
„Hibsch zuheeren! Also der Besitzer von jen' kreizdollem Seemannslokal, der Vater Henning, is Tiefseetaucher in alle Weltmeere jewesen und auch sonst 'n Orijinal. Der hat all jene Schätze, von de Korallen bis zum Nejerschicksenschmuck, selber jesammelt und mitjebracht. Wenn der erzählt, bleibt kein Auge trocken und kein Glas voll. Bei ihm da unten im Keller hucken immer allerhand Fahrensmänner, Lotsen, Jewirz- und Holzkapitäne, Fischmeister, Strompolizisten, Händler und was weiß ich ..."
„Ja, aber meine Mundartforschung beschäftigt sich doch ..."
„Mit'm Danzjer Deitsch, nich? Na, und all jene Maaten und Henning und ich, wir sind doch jelernte Danzjer. Verstehen Se nu?"
„Sie meinen also, ich solle ...?"
„Kommen Se gleich heit' abend, so um Uhre acht, halb nein! Ich bin auch da. Allens is ganz einfach: Sie, Herr Professerchen, schmettern bloß de ersten Lagen, und wir alle zusammen lernen Ihnen soviel Danzigsch wie Se bloß wollen!"

Das große Kostümfest

„Du, nächsten Sonnabend is großes Kostiemfest draußen bei Derra!" sagt Bollermann zu seinem Busenfreund Welutzke.

„So richtig mit Schinguli und Riesenschwof?"

„Jawoll, auch mit Tombola, Jänse- und Likeerverwirflung und so."

„Da mißd' wir hin! Auf in dem Kampf, Torpe-e-e-e-do!"

„Bist ja nu all so verrickt, als hättst dir auffem heißen Plättbolzen jesetzt oder deine Olga hätt' dir mitte Wurzelbirst' abjerubbelt!"

„Soll ich trippstrillig sein, wenn uns solche Jenisse bevorstehen?! Fragt sich man bloß, als was wir uns kostimieren tun. Wie denkste?"

„Na, so richtig als Kerle mit Bulljong inne Knochen! Was meinste zu Barbarossa und Wilhelm Tell?"

„Ach, der olle Kaiser, was im Berg huckt und zu keinem Frisehr jeht, bis die Dohlchen ihm aufwecken tun? Und jen' Schweizer Sahnebart mit Armbrust und Axt im Haus? Der nach Äppel schießt? Nee, bloß die olle Rentners nich. Mit sone Mannsleit' tanzt kein schickes Danzjer Schleiserchen!"

„Der Bart kitzelt aber so scheen bei's Kissen, hat mich mal 'n ganz trautstes Zruchelchen im Breesener ‚Seestern' jeflistert!"

„Aber doch kein Backenbart nich, hechstens 'n kleiner Schnurras, so wie meiner!"

„Je länger der Bart, desto mehr kann er doch krabbeln und kitzeln!"

„Was-chen? Glaubste doch selber nich! Und mit die Bärte — peddel dir man nich drauf! Deinem Schnurras mußde auch noch mit de Heckenscher' befipsen, eh' auffem Kostiemfest jehst!"

„Wennher? Mit dem mach' ich keine Fisamatäntchen nich. — Aber nu de Verkleidung: Als was treten wir die hibsche Marjellens unter de Pupillchens?"

„Wenn nich als Vollbart, dänn als Blaubart: Wir jehen als Beduinenscheiche oder sowas. — Sollst sehen, wie die hibsche Arabellas kieken werden, wenn wir reinrauschen!"

„Hat sich was mit's Reinrauschen. — Was kosten solche dollen Kostieme aus Seide und Gold und Brillantenjebommel?"

„Da lachen ja die ältste Suppenhiehner? Sowas kauft doch keiner nich — sowas jibt's doch inne Häkergass' fier paar Eierchens jeliehen! Bist woll schwach auffem Brejen jeworden, daß dir nich mehr erinnern kannst, wie wir zwei beid' damals als Schiens . . . ?"

„Mich kribbelt's heit' noch in de Finger, wenn ich daran denken tu', wie Paulchen von de Krantorfähr' uns hat die Schiens vom Fischmarchtrevier auffem Hals jeschickt und wie wir dänn wejen groben Unfug und Amtsanmaßung beinah' auf Schießstang sind jelandet!"

„Man keine Memoahren nich! Wir wollen de Jejenwart jenießen! Also: de Klamotten werden jemietet, und so, daß uns keiner nich identifizieren kann!"

„Mit dein Jeschlabber bringste mir erst auf die greeßte Jefahr: de Langhaar'jen!"

„Mannometer, die sind aber doch 's Scheenste auffe Welt, all die Ernas, Evchens, Ellis, Lottchens . . ."

„Dammeskopp, ich mein' doch gar nich die trautste Zruchelchens mit alle Reize Arabiens; ich mein' doch jene all anjegraute Jugend, unsre angetraute Eheartillerie, die schweren Bumser!“

„Ja, die dirfen natierlich nuscht nich von wissen. Nich mal ahnen dirfen die was.“

„Na, also?!“

„Was heißt: also, hä? Kannste vleicht nich schweijen?“

„Du bist so wendig wie‘n Plättbolzen im Eisen! Mächtste mir dänn vleicht sagen, wo wir die Scheichklamotten wollen lassen, wenn wir se jeborgt haben, mächtste mir vleicht auch mitteilen, wo wir uns in se stirzen sollen und wo unser Zivilzeig unterjebracht wird, während wir ‘s Kaffe Derra auffem Kopp stellen?!“

„Na, im trauten Heim natierlich nich — sonst kännen wir uns nie nich mehr heimtrauen.“

„Na, dänn am End‘ im Blauen Kreiz oder im Staatstheater?“

„Du, das is ‘ne Idee! — Wenn wir Justav Nord wirden um Unterstitzung bitten oder Karl Brückel?“

„Die dirfen doch nich. Sind ja vereidigte Biehnenmitglieders!“

„Du, nu weiß ich: Wir jeben dem ganzen Kram im Kartong all ieber Mittag bei Derra ab. Ich kenn‘ da die Kowalskesche, die Fixniedliche von‘s Kuchenbiffeh; die deichselt das schon, wenn ich se bißchen puscheinen tu‘ und eins mit‘s andre. Und am Abend, eh‘ das dänn losgeht, heer‘ man gut zu: Im Garten — dem kennste ja von die viele Kaffeveranstaltungen und so im Sommer — is ganz hinten inne Äck ‘n Hiehnerstallchen. Da ziehen wir uns um!“

„Ei, und die Zivillunzen?“

„Lejen wir in die Leihkartongs und verklauen se unterm vorjebauten Dachchen von jene kleine Hiehnerkasern‘. Kein Aas kemmt in dem Winkel, noch dazu bei die Diesternis und die Kält‘.“

„Nana, wenn das man allens gut jeht! Dein hoher Jedankenflug is doch all oft in de Hosen jegangen!“

„Du, das will ich nich jeheert hahm! — Was ziehst fier ‘ne Freß?“
„Mich fangen n u all de Bixen an zu flattern.“
„Macht nuscht. Deine Bixen kommen auffen Hiehnerstall. Da kännen se sich abmarrachen, solang‘ se wollen!“
„Wenn man bloß unsre Ollschen nuscht merken!“
„Allens all einkalkuliert, du misepetrije Bangbix du! Heere und staune: Unseren Ehesießen, unserm lieben Lebensjepäck, spendieren wir einfach Billjets fierm Kientopp! Jen‘ Hans Albers ajiert ja gerad‘ am Sonnabend, und nach dem dwatschen Lachodder sind die Weiber wild!“
„Na, ich weiß nich recht; meine schwärmt mehr fier Harry Liedtke.“
„Äh, brissel nich! Kientopp haut immer hin!“
„Dänn missen wir ihnen mindestens was zulejen, damit daß se nachem Kientopp noch kännen wo im Café jehen und sich paar Sticker Tort‘ mit Schlagsahn‘ bezähmen, die arme Weibsen!“
„Auf die Weis‘ merken se doch gleich, daß was nich stimmt! Und arm? Die sparen von‘s Wirtschaftsjeld jenug ieber und scheddern Kaffe trinken, sooft se bloß wollen — da merken doch wir nuscht von.“
„Wenn du wirklich meinst . . .?“

Als die beiden Freunde am Festabend mit ihren von Fräulein Kowalski bis dahin betreuten Kleiderkartons durch den dunklen Garten von Derra gingen, atmete Bollermann hörbar auf: „Einfach großartig, wie das allens so klappt! Wie der Deckel auf de Kastroll‘, wie Lipp‘ auf Lipp, wie . . .“
„Wie der A - rm auffen Igel!“
„Unk‘ man nich, du! Aber scheen is ‘s doch, daß unsre Ollschen nu warraftig zusammen dem bleeden Albers sich wollen ansehn jehn!“
„Und hernach, sagd‘ meine, wirden se dänn vleicht noch wo ‘n Taßchen Kaffe lubbern.“

„Siehste: S e l b e r missen die drauf kommen!"
„Wenn die man nich noch auf verquere Ideen kommen tun!"
„Schluß jetzt mit die Misepetrigkeit! Wir sind am Ziel: Hier inne Eck' is der Hiehnerstall. — Nu Schäckert und Bixen runter, Brettchen und Porzlankragen ab und nuscht wie rin in de Beduinenfräcke!"
„Fehlt bloß noch 'n Kamel, durch Derras Wieste zu reiten!"
„Das bist du. Kannst mir ja huckepack nehmen!"
„Mach' keine Moppchens nich, du! — Ich heer' was. Da kemmt wer!!"
„Sind sogar zwei. Mächt' bloß wissen, wer hier was zu spijenieren hat!"
„Vleicht Pfaraonenspijänster vom Nil?!"
„I nei, aber zwei Freileinchen von de Mottlau. — Ahmd, die Damens! Hahmse man keine Angst nich! Wir sind hier grad' mit's Untakeln fier jen' Kostiemfest fertig und wollen uns bißchen de Fieß' vertreten."
„Wir auch, meine Herren."
Die das so selbstverständlich heraussprudelte, war, ganz wie ihre Begleiterin, als Spanierin oder Italienerin ausstaffiert und, soweit im Mondlicht auszumachen, recht attraktiv.
„Eiwei Mariechen!" flüsterte Bollermann anerkennend.
„Zwei Zruchelchen mit Fiff", grunzte Welutzke.
Dann machte man sich miteinander bekannt, begab sich in den Großen Saal und fand auch noch einen unbelegten Tisch, der nicht allzu hell beleuchtet war. Welutzke wollte gleich eine Lage schmettern, was vorerst abgelehnt wurde, da zunächst eine geeignete Unterlage nötig sei. Königsberger Rinderfleck wurde von Bollermann als zu leicht befunden, und so genoß man denn Eisbein mit Erbsen und Sauerkohl. Danach konnten die Machandelchen kommen und die Hellen hinterher. Inzwischen hatte überall der Schwof begonnen, und die vier brauchten sich nur noch miteinander ins Getümmel zu stürzen.
Dabei fanden sie noch mehr Gefallen aneinander. Man

tanzte, man nahm dann und wann einen oder zwei zusätzlich an der Theke, um noch mehr in Schwung zu kommen als bisher, und nach einiger Zeit war dann die knallblonde Käte von Karpfenseigen Bollermanns erklärte Partnerin, und die dunkle Marga aus der Rittergasse hatte sich mit Welutzke zusammengefunden. So war es weiter kein Wunder, daß die beiden Pärchen schließlich nicht immer nur zusammen, sondern auch endlich einmal unter sich zu sein bestrebt waren, wenn sie auch anfangs nicht recht wußten, wie sie das anstellen sollten.

Zuerst heizte nun Bollermann zwischen zwei Tänzen seiner Blonden mit Grog ein und meinte dann: „Eijentlich bißchen heiß hier, nich, Freilein Käte? Ich mein‘, wir jehen ‘n Momangchen auffe Luft!“

Als sie nach längerer Zeit zurückkehrten, war Kätes Haar etwas in Unordnung geraten und Bollermanns Bart ziemlich verrutscht. Gleichsam zum Ausgleich nannte er sie nun sein Kätchen und sie ihn ihr Bollerchen.

Bald darauf blieb das andere Paar noch viel länger draußen und als es endlich wieder auf der vom Tanzgetriebe tosenden Bildfläche erschien, gab Welutzke, inzwischen in Übung gekommen, seiner Marga-Zigeunerin mit der roten Bluse und dem Goldschmuck im Haar ungeniert einen Brenner nach dem andern, und sie erfand den Kosenamen „Lutzkemann" für ihren verknallten Beduinen. Welutzke zeigte sich davon so tief aufgewirbelt und hoch entzückt, daß er, obwohl ein Ober längst Glückssache war, eine Pulle Sekt bestellte, Marga um die äußerst schlanke Hüfte faßte und sich auf den Schoß setzte: „So, mein Zuckerschnutchen, nu laß ich dir aber so bald nich wieder aus meine Lamäng, das kannste glauben!"
Das hätte der Übermütige vielleicht nicht sagen sollen, denn schon kam das unerforschliche Schicksal dahergeschritten, zunächst in Gestalt von Freund Bollermann, der den glücklichen Genießer anbrüllte: „Dummes Aas, verdinnesier' dir! Feind im Anmarsch! Kiek dich die zwei stämmje Tirolerinnen da hinten an! Merkste noch nuscht? Noch immer nich, du Dussel? Na, die mit de Brill', das is doch meine Frieda, und die, was de leere Bockbierflasch' wie so 'n Nudelholz schlenkern tut, is . . ."
„Muin gommas, meine Olga in ganze Greeße! — Nu aber nuscht wie weg! Margachen, mein Zuckerpuppchen, verfeier dir leifig! Kannst die scheene Buddel Sekt, was jen' Ober jenau jetzt anjeschleppt bringt, meinswejen mitnehmen — hier is 's Jeld dafier! — bloß schieß im Wind!!"
„Aber Lutzkemann, zu was zerribbelst dir denn bloß so doll, hä? Haste vleicht mal frieher was mit jen' dickes Pleester, mit dem Doppelschraubendampfer jehabt? Liebste nach Jewicht, oder war die damals dinner? Macht nuscht. Wenn die womeejlich hier anbraust und will was, die stoß' ich glatt außem Korsett, soll ich? Oder ich krall' der die Frisur außenander, daß de Wonzen inne Luft rumsejeln wie im Altweibersommer. Und der ihre Buddel, was se inne

Hand wippen läßt wie 'n Schupo seinem Migränestift, die bezähmen wir zwei uns dänn hinterher, wenn die stämmje Jermania zu Boden jegangen is und ..."

„Heer' bloß auf, mein Trautstes, und bedrick mir nich so doll! Jib Ruh' und laß mir lieber rasch da umme Eck' verschwinden, heerst?!"

„Aber Lutzkemannchen, warst ja erst vor fimf Minuten da! Haste dir denn soviel hinterm Knorpel jeplätschert? Oder kemmt das von's Essen? Sone Portion fettes Eisbein mit Erbsen und saurem Kumst in de Kaldaunen, dänn haste auch meinem Rest noch wegjeputzt ... Wird dich iebel davon? Na, dänn schedder man umme Eck und erlees' dir! Aber hernach kemmste gleich wieder bei mich, heerst, Lutzkechen, mein armer Spatz? Ich wart' hier, ich halt de Stellung, ich ..."

Während Welutzke eben noch entfleuchen konnte, schlug es dicht daneben ein, wo Bollermann sich mit seiner fijuchlichen Käte hinter einem Schwung Herren vom Verein ernster Ölkoppspieler Ohra und Umgebung vorbeidrücken wollte. Diese sonst meist so biederen Bierbürger waren aber gerade in einen heftigen Streit um irgendeinen bedeutsamen Stich oder Trumpf geraten und ließen niemand passieren. Bollermann schimpfte aus vollem Halse, Kätchen puscheite ihm die Backe. Das aber nützte ja nichts, es verschlimmerte höchstens die Lage. Auch der Burnus war kein Schutz mehr gegen peinliche Personalidentifizierung, wie jedermann wahrnehnehmen mußte, der Frau Frieda Bollermann mit wogendem Busen und bebender Brille näherkommen sah ...

In dieser dynamitgeladenen Atmosphäre wuchs das Kätchen von Karpfenseigen über sich hinaus und zur Heldin und Trösterin empor: „Bollei, süßer, nu man ruhig jeatmet wie 'ne Karpfenschnut' und ieberlegt! Also: Du brauchst ieberhaupt keinem Finger nich zu riehren. Heer' zu: Die dicke Sennerin vom Danzjer Hagelsberg nehm' ich doch ganz einfach erst de Guckmaschin' vonne Nees', und se is unsichtbar. Wenn se dänn vleicht noch Spektakel macht oder ihre dicke Miehlenfliejel riehrt, dänn knall' ich der erst eine vorm Ballong und dänn noch vor de Milchwirtschaft, daß se nich mehr japsen kann. Oder, falls dir das zu doll jebullert is, dänn jodl' ich der so ganz jemietlich 'n Stuhlchen im Kreiz, daß se an Steinschlag glaubt!"

„Aber um Gottliebs Eierkuchen, das ich doch meine ... !"

„Deine? Das kann ja mal meejlich jewesen sein, aber jetzt bin i c h deine, du Stenz, und nich jen' Riesenjebirge!"

„Aber, aber ... !"

„Ich versteh' nich, wie konntste dir bloß mit soviel Fett einlassen? Wird ja aber woll lang' her sein, und in de Tanzstundenzeit oder so, da war die vleicht noch dinner als 'n ausjenomm'ner Hering, na nich? Stimmt's oder is es richtig, mein Bolleichen?"

„War se, war se, aber... Kätchen, mein Marjellchen, nu laß mir lieber los, denn jejen Frieda, wenn die inne Wonz kemmt, kemmt keiner nich an!"

„Aber die dicke Zipp wird doch nich wiederaufwiehlen wollen, was vor 'ne halbe Ewigkeit mal jewesen is. Im Leben jilt immer bloß de Jejenwart, und die bin i c h, dein Kätchen! Kopp hoch!"

„Du verstehst mir nich, und ich hab' so 'ne bange Ahnung..."

„Mumm sollste haben und keine Ahnungen nich! Paß auf, gleich jeht 's los! — He, Sie Schwerjewicht mit de Brill' auffe Jimm, was hahm Sie uns zwei beid' eijentlich so anzustieren und anzugnietschen, hä?! Scheren Se man in de Sohlen, sonst...!"

Da aber nahm Frieda Bollermann die Gegnerin aufs Korn: „Sonst??! Du willst mir drohen, du blondes Wasserstoffsuppenexil? Dir kenn' ich doch ieberhaupt. Du bist doch dem versoffnen Pachulke aus de Krausebohnengass' seine Älteste! Ich weiß ja noch, wie du in de Klotzkorkenschul' bist jescheddert mit deine Schnoddernees' und die viele Pickels im Ponem. Gleich verfeierst dir, oder ich mach Stoofkatoffeln aus dich! Und Finger weg von meinem Mann, dem Tullas!!" Nach diesem Erguß wandte sie sich ihrem Eheglück zu: „Ei er dir! Zu Haus' biste bloß immerzu mied', aber hier mimste woll 'n wilden Araberhengst, hä? Und an sowas wie die da wischste dich de Händ' ab? An so'ne Tingeltangeldiva, an so'n Sexus mit Stiefmütterchenaugen? Da kannste woll auch noch knutschen wie doll, was? Aber bei mich kemmste bloß essen und pennen, du Schubjak, du Wiestling auf Socken!"

„Aber, Friedachen, is doch allens man halb so wild. Heit' feiern wir doch Fasching und sind auffem Kostiemfest!"

„Aber mit wem? Mit deiner Frau? Nei, mit sowas, du Lachodder! Schluß mit's Kostiemfest, aus und ab! Kemmst gleich mit mich mit, dalli!"

„So jeht das doch nich! Ich hab' meine Klamotten doch noch draußen!"

„Dänn leifig hin an de Gadrob' und umjezogen!"

„Doch nich da — hinten im Garten!"

„Was, dein gutes Sonntagszeig? Wo denn bloß, du Unnosel?"

„Ich sagd' doch all, ganz hinten im Garten. Da hahm wir doch alle ..."

„Im Garten! Auch das Weibervolk? Das sieht eich ähnlich! Na, dein Freind Welutzke wird mit die schiefnas'je Schwarze woll all jetirmt sein, aber seine Frau beklappt ihm doch. Was wird se dem de Karbenad' bescheiern! — Dein blondes Jift is auch all abjehauen, das Zulter. Und nu heer': Ich hol mich bloß vorn an de Gardrob' meinem Mantel und's Kopptuch und dänn komm' ich auch im Garten. Ich will doch sehen, wo du deine gute Sonntagskluft verklaut hast und eins mit's andre. Da wartste also auf mir! Dein Fett kriegste erst zu Haus'!"

Im Garten, der jetzt vom inzwischen aufgegangenen Mond ziemlich hell erleuchtet war, trafen sich die Sünder allmählich wieder. Marga erschien mit vier Flaschen Bockbier: „Jetzt wollen wir feiern, daß wir die beiden Jebirgsjulen endlich losjeworden sind!"

„Sind wir aber gar nich und werden wir nie", seufzte Welutzke und grabbelte den großen Karton vom Hühnerstalldach, während Bollermann schon aus dem Burnus kroch und ihm beipflichtete: „Aus und vorbei! Wir hahm uns lebenslang an de Lein' jelegt und ..."

„Aber so misepretrig werden wir doch nach so jemietliche Stunden nich auseinanderjehen", meinte Marga und fiel Welutzke um den Hals, der gerade an seinen Hosenträgern klarte, die sich mit denen Bollermanns verheddert hatten. Der stand in seinen Flanellunterbüxen da, zerrte, schalt und fror.

„Wie ihr beide bibbert!“ bedauerte Marga und öffnete die erste Flasche: „Nu man erst einen hinter's Schemisettchen jeplätschert; das wärmt de klammen Glieder und's Herz!“ Die beiden Männer nahmen einige mächtige Schlucke und wollten dann gehen, die beiden Mädchen waren anderer Meinung. Das Kätchen von Karpfenseigen meinte dazu: „Bollerchen, bleib' man hibsch hier, der letzte Akt von diesem Kientoppstick is noch nich jelaufen, und wir alle wollen ihm miterleben!“

Während dem Bockbier weiter zugesprochen und die gar nicht sonderlich kalte Nachtluft genossen wurde, erschien Marga mit neuen Flaschen, die beiden Mädchen flüsterten miteinander und lachten. Dann erklärte Marga: „Nu laß se man anrollen, eire wietenden Erhejespänster! Vorhin hahmse eich anjeblubbert, jetzt kriejen die ihr Fett!“

„Himmel, haste keine Flinte!“ seufzte Welutzke und ächzte: „Wenn mich nich allens teischt, seh' ich se all anrollen!“

Da befahl Marga: „Alle auf's Hiehnerstalldach rauf und jesungen, was de Kehlen herjeben und nich eher aufjeheert, bis de Friedensverhandlungen bejinnen. — Los jetzt!“

Schon saßen sie alle vier oben und begannen, mit baumelnden Beinen zu singen, was drinnen die Kapelle schon mehrmals gespielt hatte: „Ein solcher Tag, so wunderscheen wie heite, ein solcher Tag darf nie zu Ende jehn!“ Und sie sangen immerzu und immer noch, auch als die beiden Extirolerinnen schon vor ihnen zum Stehen gekommen waren und Frau Welutzke ihren Mann anbraschte: „Gleich kemmste runter von's Dach! Und sofort läßte die schwarze Zijeinersche los, das Ohraer Flickstick! Sollt eich was schämen, alle beide! Is ja der reine Ehebruch, was sag' ich, Unzucht is das! — Sie, ich werd' Ihnen lernen meinen Mann be-

dricken! Was, auch noch kissen?! Runter mit eich beide, oder ich verjeß mir!!"
Ganz langsam rutschten die beiden wirklich herunter, aber dann ging Marga zum Gegenangriff über: „Nu heeren Se man gut zu, Frau Welutzkechen! Ich bin keine Zijeinersche aus Ohra nich. Ich seh' bloß so aus, von wejen 's Kostiem. Aber Ihnen mächt' ich nu fragen, was Sie eijentlich jejen das bißchen Dricken und Kissen haben! Sie nennen sowas Ehe-

bruch und Unzucht? Daß ich mir nich scheckig lachen tu'! Was haben dänn Sie auffem Jewissen, hä? Was hat eijentlich jen' Iebermann und Riesenkutscher von de Axjenbierbrauerei, jen' jewaltjer Gottlieb aus de Neinaugengass', mit Ihnen anjestellt? Der hat doch erst mit beide Händ' — sooone Pranken! — ieber Ihnen Ihre Hiften Maß jenommen und Ihnen dänn immerzu hochjestemmt! Und dazwischen jedesmal Ihnen einen aufjequetscht, daß 's man so jeknallt hat! War das vleicht nuscht nich? Rippenbruch war es nich, indem daß Sie ehmd zu doll jepolstert sind, aber nach Ihre eijne Ansicht mißd' das doch Ehebruch mit Unzucht jewesen sein!!"

„Das ... das ... das is ja einfach unerheert! Wie kännen Se sowas bloß behaupten?!"

„Weil ich das mit meine jesunde Augen und Ohren wahrjenommen und mir drieber amesiert hab'. Ich wußd' man bloß noch nich, daß Sie de ehrsame Frau Welutzke waren!"

„Sowas iebersteigt doch einfach alles ... !"

„Na, da sagen Sie's ja selbst! — Wie denkst du darieber, Lutzkemannchen?"

Welutzke zog es vor zu schweigen, dafür aber donnerte Frau Bollermann dazwischen: „Sowas von Ausjekochtheit is mich noch nich vorjekommen!" Plötzlich kreischte sie, zu Käte gewandt, von neuem los: „Bist ja all wieder bei meinem Mann, du blondes Jift! Nu aber runter da und Schluß mit diese schamlose Sexualitäten!"

„Achottchen, Frau Bollermann", krähte Kätchen vom Dach, „Sie hatten 's da drinnen im Saal doch vor 'ne halbe Stund' noch mit jen' muggrijen Standjelderheber auße Marchthall', was zwischen die einzelne Tänzchen immer so jern seine Glatz' an Ihre Brust hat jelegt! Und was haben Sie jemacht? Jestreichelt hahmse dem seine blanke Schusterkugel und sogar noch draufjekißt, Sie fromme Klosterfrau!"

„Das is ja 'ne ganz jemeine Verleumdung! Sie werden dafier

jeradestehen missen, Sie! Wie wollen Sie das woll beweisen?!"
„Wenn Se's wirklich drauf ankommen lassen wollen, beeid' ich's. Dänn sind Sie im Eimer. — Aber ich bin noch gar nich fertig: Noch bei die Rangelei mit ihm anne Gardrob' hat der Ihnen de Brill' abjehakt und Ihnen zum Abschied im Arm jenommen, Sie anjeknickte Tugend! Mitjehen wolld' er auch noch, der Bock ... Bockatschio, der!"
„Das ... das is ja doch aber ... !"
„Na, Bollermannsche", unterbrach sie da Frau Welutzke, „das is ja nu auch wieder nuscht als de reine Wahrheit ieber Ihnen wie ieber mir. Wir haben uns ehmd bißchen rächen wollen an unsre Männer und waren jenauso iebermietig wie die. Weiter war ja nuscht, aber Kostiemfest is und Fasching und Bockbierzeit und da mächt' ich denn nu vorschlagen ..."
„Fein, Olgachen", rief Welutzke dazwischen, „verjeben wir uns alle jejenseitig und feiern wir miteinander!"
„So auffen Plutz jeht das man nich", meinte Frau Bollermann und schien nach einer Übergangslösung zu suchen, aber da kam ihr Marga zuvor und stimmte abermals an: „Ein solcher Tag, so wunderscheen wie heite ..."
Wie lange die sechs Unentwegten in jener Nacht noch gemeinsam feierten, weiß niemand mehr.

Bollermann im Vorfrühling

Welutzke ist an diesem sonnigen Vormittag, nachdem er ein angenehmes Schauchen in der Adebargasse hinter sich gebracht hat und sich im Augenblick nichts Neues bot, über die Hopfengasse an den Langen Lauf geschlendert. Da hat er sich vor lauter Lebensfreude zwischen der Kuhbrücke und der Grünen Brücke, wo gerade einmal weder geladen noch gelöscht wird, auf die schon ganz warmen Bohlen am Mottlauufer gesetzt und hockt nun zu Füßen der alten Speicher, läßt die Beine baumeln, qualmt genüßlich sein Pfeifchen, das mit gutem Holländer gestopft ist, und freut sich über das erste junge Grün in den winzigen Gärten drüben am anderen Ufer, vor den Häusern der Röpergasse.

Plötzlich sieht er einen anderen Mochum herankommen, Hände in die Hosentaschen gebohrt, Zigarette im Mundwinkel und die Mütze auf Sturm gestellt. Er erkennt seinen Freund Bollermann und freut sich. Vielleicht kriegen sie bald wieder zusammen ein lohnendes Schauchen. Aber Bollermann macht auf mürrisch und brummelt sich was in den Bart. Daher fragt Welutzke: „Wieso ziehst sone Flunsch? Is dich de Petersilje verhagelt oder de Grütz anjebrannt? Und allens bei sonem scheenen Friehlingstag mit lauter Lerchen, Meewen und was weiß ich noch?"

„Das is es ehmd. Nuscht nich weißte. Dein Friehling kann mich kreizweise, und ich mächt' immerzu bloß griene Seif' fressen und Selterwasser ohne allens saufen. Ich mächt' . . ."

„Pfui Deiwel! Zu was denn? Da wären mich ja 'n halbes Dutzend Rollmöps' oder womeejlich gar Neinaugen lieber."
„Hast ja auch nich sone Entteischung belebt wie ich!"
„Was fier eine? Mach doch endlich de Klapp' auf!"
„Daß unsereins auch ausjerechnet als Mensch mußd' auffe Welt kommen! Du, das ärjert mir!"
„Na, mächtst am End' lieber 'ne Tapetenflunder sein oder 'n Kanalljenvogel?"
„Nee, lieber 'ne Mad' im Speck und am allerliebsten so'n oller Speicher."
„Wieso denn das?"
„Weil der so gut wie immer voll is!"
„Das kann der Mensch doch nich, weil er dänn de Kränk mächt' kriejen. Aber zu was denn auch? Ärjer dir nich, kiek lieber auffe Griene Brick, wie da all die hibsche Majällchens mit ihre neie Friehlingsgardrob' jehen! Mich leift rein's Wasser im Mund zusammen!"
„Und mich jeht der Rogen hoch, wenn ich sone Langhaarje bloß von fern sehen tu', heerst?"
„Bist woll schucker?"
„Nei, bloß inne Wonz bin ich und ich red', wie ich denk', verstehst?"
„Hast aber frieher ganz anders jedacht. In die gute alte Zeiten, da haste dir rein bekringelt, wenn so'n Schleiserchen bloß von fern ..."
„Tjawoll, aber nu sind w i r alt, Welutzke!"
„Ach, Bollermannchen, du hast keine Ahnung nich, wie jung ich mir fiehlen tu'. Nu bloß noch so'n sießes Puppchen im Arm ... !"
„Denkst du Dussel. Hab' ich bis jestern auch noch jedacht!"
„Ei und nu? Hat se dir vleicht versetzt, das Schickschen?"
„Viel was Schlimmeres. Heer' man zu: War doch 'n Wetterchen jestern wie zum Eierlejen, nich? Ich denk' also: Beschiet de Schauchen, hast ja vorchte Woch' gut verdient, und mich piekd der Hafer, daß ich eijentlich mal wieder mißd' biß-

chen auffe Luft jehen. Und nich bloß umme nächste Eck', nei, aufen ganz anders End'. Also ich wolld' ieber Petershagen und dänn am Räwlang längs, zum Schluß auffe Niederstadt, so Hiehnerberg oder am Steindamm, einem abbeißen, nich? Kam aber ganz anders, denn miteins treff' ich doch in de Scheibenrittergass' sone Fixniedliche, was mich all öfters is begejnet, wenn ich fier meine Ollsche so um Feierabend rum noch mißd' in aller Eil wo 'n Bundchen Grien an de Supp' holen, paar Zwiebelchens, Jewirz, Kreidnelken und eins mit's andre. Und jedesmal simmelierd' ich, wie ich ihr kännt' näherkommen, verstehst? Nich gleich wer weiß wie doll, nei, bloß so. War aber nie nich meejlich, weil meine Ollsche mir immer erst kurz vor Ladenschluß schickd' und purrd', daß ich gleich mißd' zurickkommen. Jen' nettes Ruscheldubschen war auch immer leifig beim Einholen, und so wußd' ich nie nich, wo se wohnen tat und wer se war ..."

„Ei, vleicht die schicke Koslowskische vom Faulgraben, was immer so mittem Podex wackeln tut?"

„Bist 'n Dammelskopp, Welutzke. Die kenn' ich doch."

„Oder de Prodehlsche auße Näthlergass', was doch die Wäscheroll' mit Jemiesekeller hat und der ihr Bruder auffem Fischmarcht ... ?"

„Pomuchel mit Preißelbeeren! Allens Bleedsinn. Is 'ne ganz andre. — Einmal in de Apthek', wo se grad' Korellasches Brustpulver hold' und ich Hienfongässenz, weil meine Olle sich mit ihre ieberfette Stoofkatoffeln hätt' dem Magen verdorben, da ändlich kamen wir zwei beid' zum erstenmal bißchen ins Schlabbern ..."

„Aha, ieber Abfiehrmittelchen und so?"

„Erst, aber denn ieber Glick und Unglick inne Lotterie und in de Liebe und eins mit's andre."

„Da biste aber ranjegangen wie der olle Blücher, was?"

„Wär ich, wenn se bißchen mehr Zeit hätt' jehabt, aber se mißd' noch beim Fleischer und bei eine kranke Tante."

„War jewiß ‘ne faule Ausred‘. So schabbern de Frauensleit‘ ja immer, wenn de Bekanntschaft erst im Anfang is!“

„Also jestern aber, da treff ich ihr nu, wie all jesagt, in de Scheibenrittergass‘. All von weitem hätt‘ ich mir ieber das reizende Druggelchen jefreit, indem ich doch nu mal partuh keine lange, dinne Latten mit kein Lot Fleisch auffe Knochen leiden mag, wo einer seine Mitz‘ an der ihre spitze Hift‘ kann aufbammeln. Ich schlinger also iebre Straß‘ rieber auf ihr zu und denn sag‘ ich, ich sag: ‚Na, Miezchen, jehen wir zwei beid‘ heit‘ mal bißchen spazieren?‘ Se war einverstanden, und wir schoben los, aber ich merkd‘ gleich, daß se irjendwohin wolld‘, aber fragen mochd‘ ich nich. Während wir nu vom scheenen Wetter schlabbern und von‘s Essen — weil wir gerad‘ bei jen‘ dicken Fleischermeister vorieberjekommen waren, was so aussieht wie ‘ne Mischung von Bull und Kujel —, da steierd‘ meine Sieße los auffem Hakelwerk und auf jene einsame Bank, was se doch da untre Beime hahm aufjestellt. Da huckden wir uns hin, und se dufd‘ so scheen nach Friehling und Flieder und so.“

„Jene Bank?“

„Schucker, das mollije Schleiserchen natierlich! — Du, mich wurd‘ ganz anders! Also ich, nich zoff, rutschd‘ ganz nah an ihr ran, um ihr zu beschmusen. Wie ich nu erst mal ihr Patschhandchen streicheln tu‘ und eins mit‘s andre, da kuschelt se sich bißchen an und fragt: ‚Du-chen, mächtst mir nich bißchen bei‘s Umziehen helfen? Allein kriej‘ ich das nich recht fertig.‘

‚Mittem jrößten Vergniejen‘, sag‘ ich, ‚was willste denn anziehen?‘ ‚Anziehen?‘ lacht se da, ‚nei, du Büffelchen, ums A u s ziehen jeht‘s mir doch!‘

‚Dunnerschlag!‘ sagd‘ ich und ich fiehld‘ richtig, wie mich‘s Blut im Kopp schoß, ‚aber hier und mang so viele neijierje Menschen?!‘ ‚Bist du aber auch ‘n Dammelskopp! Ich mein‘ natierlich bei mir. — Bist ‘n Happchen schucker, mein Sießer, nich?‘

‚Schucker bin ich eijentlich wen'jer, bloß bißchen schichtern.'
‚Schichtern, sagste? Du, ich brauch' aber einem, was richtig zupacken kann, heerst?'
‚Wirst gleich erleben, wie ich zupack', feixd' ich und zur Prob' legd' ich ihr meine Pranken um de Hiften und drickd' wie doll.
‚Ich bin doch kein Kleiderschrank!' jucht se da.
‚Wer wird denn gleich vonnem Schrank reden! Miezchen, du bist doch heechstens 'ne Blumenvas', wenn's schon 'n Stick Meebel sein soll!'
‚Die dirfst aber erst recht nicht so bequetschen', meint se und lacht: ‚Am besten kemmst gleich mit, weißt?'
Wir also bei ihr hin, zwei Treppen hoch, und se schloß auf. Na, was soll ich sagen? Ganz nette Meebel hätt se, aber keine Gardinen nich vor de Fenster, keine Lamp' anne Deck, kein Bildchen oder so anne Wand ... Und ieberall standen Kisten, Kasten und Pungels rum. Na, das wie das, aber mein lieber Welutzke, was meinste, was die Hibsche nu von mich bejehren tat, hä?"
„Meensch, na doch woll allens, was unsereins als Mann ... — Dolle Sache, nich? Und so plötzlich! Richtig was fier's Friehlingserwachen!"
„Hab' ich im stillen natierlich auch jedacht und mir inne Brust jeschmissen, aber: Nich in de Lamäng! — Umziehen wolld' se. Ein Haus weiter. Und ich solld' dem Ziehmann spielen. Erst war ich bißchen jeplätt't, aber denn dachd' ich: Auch gut! Und freid' mir auffen Einzug drieben und auf das, was schließlich ja kommen mußd', als Anerkennung und so. Und das Druggelchen machd' nu all so fijuchlije Augen, daß mich ganz heiß wurd'."
„Kann dich warraftig jeder nachfiehlen, du Jlickspilz!"
„Abwarten! — Ich ast' denn nu allens zwei Treppen runter und nebenan wieder zwei Treppen rauf. Das war 'ne Wucht! Sie half natierlich, so gut wie se kännd', so mit jene kleine Dubasse von Pacheidelchen, Kartongs, Taschen, Büdels und

was weiß ich. Mittemmal, wie ich grad' zwei Seitenbretter von ihr' Bett zu fassen kriej' und de Trepp mit se runterjeh', heer' ich mein Druggelchen hinter mich herkeichen, und was seh' ich? Trägt de Majell doch auch zwei Seitenbretter von 'nem Bett. ‚Ach', speilzahn' ich, ‚haste noch 'ne Reserveheia, fier wenn Besuch kemmt und so?' Das schien se zu jefallen, denn se sagd' nuscht, aber rot wurd' se und plinkerd mir vonne Seit' an, daß mich noch viel heißer wurd'."

„Junge, Junge, wie im Kientopp!"

„War es auch, Welutzke. — Du, mehr als dreieinhalb Stunden hab' ich mir abjewurracht wie dwatsch. Als denn alles drieben war und jen' Umzug vorbei, war ich auch fertig. Da drickt mir meine Mieze doch zehn Zigaretten inne Hand. ‚Fein', sag' ich, ‚rauchen wir erst mal eine!'

‚Wieso erst mal?' sagt se. ‚Das andre mach' ich nu schon allein.'

‚Na und sonst und so?' frag' ich, kiek ihr voller Liebe an will ihr gerad' endlich richtig im Arm nehmen und eins mit's andre, da verdrickt se sich doch bis inne Eck' hinterm Spind. Ich natierlich leifig hinterher, will nach ihr grabschen und schorr' doch ieber'n Wischkodder, was da lag, lang hin. Ich hab' mich die Brusch' am Kopp jeholt, und sie war von dem großen Bumms verschrocken. Da tat se mich schrecklich leid, und ich puschei' ihr erst mal bißchen de Back' und will ihr ehmd umärmeln, da jucht se miteins auf und keift: ‚Was is nu los? So'n oller Onkel und will mir womeejlich noch abknutschen wie 'n Soldat seine Marie im Steffenspark oder wo weiß ich ... ?'

‚Oller Onkel? Na, hast ihm ganz scheene Kulleraugen jemacht, deinem ollen Onkel!'

‚Ich kann keine andre Augen machen, als ich haben tu'. Das mit dem ollen Onkel is auch keine Beleidjung nich. Hast ja jezeigt, daßde noch Bulljong in de Knochen hast, denn die Wurracherei mit die Meebels und Klamotten war nich ohne, und ich bedank' mir auch scheen, heerst? In jene Buddel auffem Fensterbrett da is noch'n Restchen Kimmel. Glaschen kann ich so auffen Plutz jetzt nich finden, aber vleicht jeht's auch mal direktemang aus de Pulle?'

Plötzlich kiekt se nach de Uhr und sagt: ‚So spät is all? Denn muß auch Gustav bald kommen.'

‚Wer is denn jen' Gustav?' frag ich.

‚Na, mein Mann doch!'

Ich denk', mir riehrt der Schlag. Aber denn berappel ich mir: ‚Ei, warum is d e r nich mit dich umjezogen, Miezchen?'

‚Äh, weißte', sagt se, ‚der is im Friehling immer so miede. Drum hab' ich ihm vorher wegjeschickt: ‚Jeh du man paar Stundchen durchem Leejetor nach Krampitz und ieberm Nobeldamm nach Dreischweinsköpp oder so! Wenn nich willst, kannst auch im Schrebergarten dich auf de Bank hucken und dem Winterrost von de Hark' und de Spatens abscheiern und Zigarettchens qualmen. Zum Schluß bringst mich noch'n paar Zwiebelchens außem Stallchen mit. Hängen ganz hinken links! hab' ich ihm auch noch nachjerufen, denn er is bißchen schwer von Begriff: Findt' nie nich was. — Da hat er mir ganz schiefnasig anjepeilt und hat wissen wollen: ‚Ei, und unser Umzug?!' ‚Da hab' ich ihm beruhigt: Laß man gut sind, Gustav; ich find' schon noch wo'n Dammlijen, was mich dabei helfen tut! — Na, und hab' ich vleicht nich recht jehabt?'

Welutzke, Mensch, Mann, oller Freind und Pomuchelskopp, kapierste nu, daß mich fier diesmal Vorfriehling, Friehling und's ganze Weibervolk kännen jestohlen bleiben?"

INHALT